HILDEGARD MÖLLER

# WOK

Mit der kostenlosen »GU-Einfach-Kochen«-App zum Buch hast Du Deine Lieblingsrezepte immer dabei!

### Und so einfach geht's:

Lade die kostenlose »GU-Einfach-Kochen«-App im Apple App Store oder im Google Play Store auf Dein Smartphone. Starte die App und wähle Dein Buch aus. Scanne das gewünschte Rezeptbild mit der Kamera Deines Smartphones. Klicke im Display auf die Funktionen Deiner Wahl: Sammele Deine Lieblingsrezepte und teile sie mit Deinen Freunden, speichere und verschicke Deine Einkaufslisten per E-Mail oder finde ganz einfach den nächsten Supermarkt in Deiner Nähe.

# EXTRAS UND SERVICE

# 44 MIT NUDELN UND REIS

# 18 VEGETARISCH UND VEGAN

# Must-haves
## fürs Wokken

## 1 Wok

Ein echtes Multitalent! Im Wok kannst Du braten, frittieren, dämpfen, schmoren und kochen. Prima fürs Pfannenrühren geeignet ist eine Wokpfanne mit einem langen Griff. Da kannst Du mit einer Hand den Griff halten und mit der anderen Hand die Wokschaufel führen. Ideal sind gusseiserne Woks, da sie die Hitze bestens speichern, und auch Edelstahlwoks mit ihren dicken Thermikböden. Die in Asien beliebten Woks aus Karbonstahl eignen sich besonders gut für den Gasherd.

## 2 Wokschaufel

Wird auch »Chan« genannt und sieht aus wie eine Kinderschaufel mit hochgezogenem Rand. Der Griff ist meist relativ lang und aus Holz, Metall oder Kunststoff. Mit diesem praktischen Helfer kannst Du den Wokinhalt ständig in Bewegung halten, die Zutaten lassen sich damit super aufheben und wenden. Die Unterkante der Wokschaufel ist leicht abgerundet. So kannst Du damit Möhren, Paprika & Co. durch den Wok wirbeln, ohne anzuecken.

## 3 Sieblöffel

Das kreisrunde Metallsieb ist meist an einem Bambusgriff befestigt und hilft Dir, frittiertes Gemüse oder Fleisch aus dem Wok zu fischen. Damit lässt sich aber auch Blanchiertes aus dem kochenden Wasser oder Gegartes aus einer Brühe heben. Ersatzweise tut's ein Schaumlöffel. Aber Vorsicht: Die meisten haben einen Metallgriff, an dem man sich schnell die Finger verbrennen kann, wenn man den Löffel länger im heißen Wok liegen lässt.

## 4 Dämpfkorb

Die Bambuskörbchen gibt's in verschiedenen Größen. Du kannst darin Fisch, Geflügel, Gemüse oder Teigtaschen garen. Dazu einfach den Wok bis zu einem Drittel mit kochendem Wasser füllen, das Körbchen hineinsetzen, mit dem Deckel verschließen und los geht's: Nun kann der aufsteigende Dampf durch das Körbchen hindurchströmen, ohne dass das Wasser mit dem Gargut in Berührung kommt. Das Körbchen ist stapelbar und so hübsch, dass es auch direkt auf den Tisch darf.

## 5 Abtropfgitter

Ein sehr praktisches Teil, das zur Grundaus-stattung gehört und beim Kauf eines Woks meistens mitgeliefert wird: Das halbrunde Metallgitter kannst Du einfach am oberen Rand in den Wok hängen, sodass beispiels-weise bereits frittierte Wan Tan oder fertig gebratene Fleischstückchen darauf abtropfen und gleichzeitig warm gehalten werden können. Und währenddessen kann dann schon mal bequem die nächste Portion im Wok brutzeln.

# Wok@its best
## Die rocken den Wok

### 1 Kokosmilch

Fruchtig-nussige Hauptzutat für Piña Colada, cremige Currys und Thai-Gerichte! Die »Milch« wird aus dem weißen Fruchtfleisch der Kokosnuss hergestellt. Es wird zunächst fein gerieben und mit heißem Wasser gemischt. Maschinell wird dann die milchige Flüssigkeit ausgepresst. In den Tropen zählt Kokosmilch heute wie vor tausend Jahren zu den Grundnahrungsmitteln.

### 2 Mungobohnensprossen

Sie werden fälschlicherweise oft als Sojasprossen bezeichnet. Es handelt sich bei den beliebten, hellen Sprossen jedoch um Keimlinge der grünen Mungobohne. Weil sie kaum Garzeit brauchen, sind sie ideal für schnelle Wokgerichte. Im Gemüsefach des Kühlschranks behalten sie, in einem großen Gefrierbeutel gut verpackt, etwa 2 – 3 Tage ihre knackige Frische. Die Mungobohnensprossen vor der Verwendung in ein Sieb geben und mit kaltem Wasser abbrausen.

## 3 Pak Choi

Der Verwandte von Chinakohl und Mangold stammt ursprünglich aus Asien und wird heute auch in Europa angebaut. Seine Stiele sind knackig, seine Blätter zart mit einer leicht bitteren Note. Es gibt auch eine Mini-Version, den sogenannten »Baby Pak Choi«. Der milde Kohl ist sehr hitzeempfindlich und sollte deshalb nur kurz gedünstet werden. Asiatische Gewürze wie Sojasauce, Koriander oder Zitronengras passen am besten zu ihm. Ersatzweise kannst du Mangold verwenden.

## 4 Tofu

Fürs Veggie-Wokken ein toller Fleischersatz und Eiweißspender, der aus der Milch eingeweichter und pürierter Sojabohnen zubereitet wird. Damit der bestenfalls neutral schmeckende Naturtofu einen ordentlichen Kick bekommt, solltest Du ihn zunächst in würziger Marinade baden lassen: Sojasauce, Currypasten, Kräuter und Gewürze eigenen sich prima als pikante Begleiter. Damit tankt das eher fade Sojaprodukt Aroma und verliert seine Blässe.

## 5 Reisnudeln

Sie werden aus Reismehl hergestellt. Du kannst sie von fadendünn bis bandnudelbreit in großen Supermärkten und Asienläden kaufen. In trockenem Zustand sind die Nudeln fast durchsichtig, nach dem Kochen schneeweiß. Feine Reisnudeln werden einfach nur in warmem Wasser eingeweicht. Breitere Bandnudeln solltest Du am besten 3 – 4 Min. kochen, bis sie bissfest gegart sind.

# Aroma-Kick:
## Die peppen richtig auf

## 1 Koriandergrün

Das Lieblingskraut der asiatischen Küche wird auch »chinesische Petersilie« genannt, hat aber mit unserer glatt- und krausblättrigen Petersilie nur das Aussehen, nicht aber den Geschmack gemeinsam. Es schmeckt sehr markant und sollte deshalb vorsichtig dosiert werden. Das intensive Aroma der Blättchen kommt optimal zur Geltung, wenn Du sie frisch gehackt erst kurz vor dem Servieren über das Gericht streust. Eine deutlich andere Geschmacksnote bringen Koriandersamen an ein Wokgericht, sie sind kein Ersatz für das frische Grün. Gemahlen und geröstet entfalten sie ihr Superaroma am besten.

## 2 Ingwer

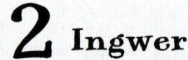

Ob geraspelt, fein gerieben oder gehackt: Frischer Ingwer peppt viele Gerichte auf. Das Fleisch der Ingwerwurzeln ist gelblich, feucht und faserig, es hat einen intensiven Duft. Die scharfe Würze der tollen Knolle passt perfekt zu Currys, Suppen, Chutneys und Salaten. Junger Ingwer hat eine glatte dünne Haut und kann über mehrere Wochen im Kühlschrank gelagert werden. Du kannst Ingwer-Wurzelstücke mittlerweile in fast jedem Supermarkt kaufen.

## 4 Fischsauce

Sie wird auch das Salz Südostasiens genannt und meist aus kleinen Fischen wie Sardellen und Salz hergestellt. In Thailand heißt sie »nam plaa«, in Vietnam »nuoc mam«. Beide Varianten kannst Du bei uns im Asienladen kaufen. Lass Dich nicht von dem penetranten Duft der Sauce abschrecken. Richtig dosiert ist im fertigen Gericht nichts mehr von der fischigen Note zu schmecken. Die Würze sorgt eher für einen ausgewogenen Geschmack. Vegetarier nehmen ersatzweise Sojasauce.

## 3 Sambal oelek

Die höllisch scharfe Gewürzpaste ist in Indonesien und Malaysia sehr beliebt. Sie wird aus roten Chilischoten, Essig und Salz hergestellt. Zu erkennen ist Sambal oelek an der leuchtend roten Farbe und den noch sichtbaren Chilikernen, die der würzigen Mischung eine ganz besondere Schärfe verpassen. Du bekommst sie in fast jedem Supermarkt und in asiatischen Läden. Gut verschlossen ist Sambal oelek im Kühlschrank über mehrere Monate haltbar.

## 5 Kaffir-Limettenblätter

Frisches Zitrusaroma liefern in der asiatischen Küche die Blätter der Kaffir-Limette. Du kannst sie frisch, getrocknet oder tiefgefroren in Asienläden kaufen. Sie werden ähnlich wie Lorbeerblätter zum Würzen von Suppen, Saucen, Marinaden und Desserts verwendet. Getrocknete Blätter kochst Du im Ganzen mit und entfernst sie vor dem Servieren wieder. Frische oder tiefgefrorene Blätter kannst Du auch in hauchfeine Streifen schneiden und zum Schluss über die Speisen streuen. Falls Du keine Kaffir-Limettenblätter findest, kannst Du Deinem Wokgericht mit etwas abgeriebener Limettenschale eine Zitrusnote geben.

# Langkornreis

**Gelingt garantiert!**

Zubereitungszeit: **ca. 30 Min.**
Pro Portion: **ca. 260 kcal**

**Für 2 Personen**
150 g Langkornreis (z. B. Basmati-,
   Duft- oder Jasminreis)
Salz

So gehst Du vor: Den Reis abwiegen. Das Salz und einen nicht zu großen, möglichst dickwandigen Topf bereitstellen.

Zuerst den Reis mal gründlich waschen!

Den Reis in ein engmaschiges Sieb geben. Mit kaltem Wasser abbrausen, damit anhaftendes Reismehl von den Körnern abgewaschen wird. Dann den Reis abtropfen lassen.

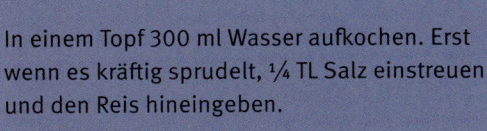

In einem Topf 300 ml Wasser aufkochen. Erst wenn es kräftig sprudelt, ¼ TL Salz einstreuen und den Reis hineingeben.

3

5

Den Reis bei schwacher Hitze ca. 20 Min. köcheln lassen, dabei nicht umrühren. Die Flüssigkeit sollte danach aufgesogen sein, falls nicht, den Reis zugedeckt neben dem Herd noch 5 – 10 Min. weiterziehen lassen.

Alles einmal offen aufkochen lassen, dann den Reis umrühren und die Hitze auf die niedrigste Stufe runterschalten. Einen fest schließenden Deckel auflegen.

4

So bleiben die weißen Körnchen locker!

6

Den Reis mit einer Gabel auflockern. Zum Warmhalten den Topf geschlossen halten, damit der Reis nicht auskühlt.

# Reis?
## Da geht noch mehr!

### REIS-BASICS

* **Langkornreis:** Ist der Oberbegriff für verschiedene Sorten mit länglichen Körnern. Am bekanntesten ist Patna, der sich durch seine lockere Körnigkeit auszeichnet. Der Allrounder passt zu allen Wokgerichten.
* **Basmatireis:** »Basmati« ist Hindi und bedeutet »Duft«. Seine langen lockeren Körner und sein besonderes Aroma machen ihn zu einer der edelsten Reissorten der Welt. Er stammt aus bestimmten Regionen in Indien und Pakistan, die am Fuße des Himalayas liegen. Er passt prima zu Fleisch- und Fischgerichten.
* **Jasminreis:** Viele kennen ihn auch als »Thai-Reis«. Er ist deutlich stärkehaltiger als Basmatireis und neigt deshalb zum Kleben. Jasminreis besticht durch seine schneeweiße Farbe und durch sein blumiges Aroma. Er passt zu fast allen Fleisch- und Fischgerichten, aber auch sehr gut zu Gemüsecurrys.

### AHA! EIN PAAR REIS-TIPPS:

* **Wie viel Reis pro Person?** Für Wok-Gerichte benötigst Du ca. 75 g ungekochten Reis. Kommen dann noch Gemüse, Fisch oder Fleisch hinzu, ergibt das eine sättigende Portion.
* **Reis aufbewahren:** Reis muss trocken und luftdicht verschlossen aufbewahrt werden. Naturreis hält sich ca. 6 Monate, weißer Reis ca. 1 Jahr. Gekochten Reis solltest Du zugedeckt im Kühlschrank aufbewahren und innerhalb von 2 Tagen verbrauchen.
* **Reste braten:** In der Wok-Küche gibt es zahlreiche Gerichte mit gebratenem Reis, für die man bereits gekochten Reis verwendet. Dafür muss der gekochte Reis aber gut ausgedämpft und vollständig abgekühlt sein. Er sollte vor dem Braten mindestens 2 Std., noch besser über Nacht, geruht haben. Sonst wird er klebrig, matschig und nicht knusprig.

## REIS NEU AUFS KORN GENOMMEN

* *Varianten: Spice up your rice*

**Mit Senf-Koriander-Pops:** 1 EL Erdnussöl in einer Pfanne erhitzen. 1 EL braune Senfkörner und 1 EL Koriandersamen bei starker Hitze im Wok oder in einer Pfanne unter Rühren ca. 20 Sek. anbraten, bis die Samen zu springen beginnen. Sofort unter den fertig gegarten Reis (s. Grundrezept S. 10) mischen.

**Mit gerösteten Curry-Cashews:** 40 g Cashewkerne hacken. 1 EL neutrales Öl im Wok oder in einer Pfanne erhitzen. Die Cashews darin bei starker Hitze unter Rühren ca. 20 Sek. anrösten. 1 TL Currypulver unterrühren. Cashews herausnehmen und unter den fertig gegarten Reis (s. Grundrezept S. 10) mischen.

**Mit Kokos und Zitronengras:** 1 Stängel Zitronengras mit einem Fleischklopfer oder mit einem Stieltopf flacher klopfen. Beim Reiskochen (s. Grundrezept S. 10) das Zitronengras gleich zu Beginn mit in das Kochwasser geben. Nach dem Kochen den Stängel herausnehmen. 2 EL Kokosraspeln bei starker Hitze im Wok ca. 1 Min. ohne Fett hellbraun anrösten und über den fertig gegarten Reis streuen.

Pannen-
hilfe!

## AAAAAAH – HILFE!

* **Der Reis ist angebrannt?**
  Den oberen, nicht angebrannten Teil in einen anderen Topf füllen. Der unangenehme Geruch verschwindet, wenn Du auf den Reis ein Stück frisches Weißbrot legst und dann den Topfdeckel wieder auflegt. Das bindet die Düfte.

* **Der Reis ist zu trocken?**
  Etwas heißes Wasser oder heiße Gemüse-, Geflügel- oder Fleischbrühe unterrühren. Oder den Reis in einem Sieb über Wasserdampf erhitzen.

* **Der Reis ist zu matschig?**
  Ist der Reis erst einmal völlig verkocht, schmeckt das ganze Essen nicht mehr. Hier die Rettung: Mit Ei und Gemüseraspeln vermischt lassen sich am nächsten Tag daraus knusprige Puffer braten.

# Rotes Thai-Curry

Echt easy!

Zubereitungszeit: **ca. 25 Min.**
Pro Portion: **ca. 440 kcal**

**Für 2 Personen**
250 g Hähnchenbrustfilet
4 Frühlingszwiebeln
1 Möhre
2 EL neutrales Öl
1 TL gelbe Currypaste
200 ml Kokosmilch
1 TL brauner Zucker
1 EL Fischsauce
1 EL Limettensaft
½ Bund Koriandergrün

Gut ge-
schnippelt
ist halb
gewokkt!

Weil es beim Wokken blitzschnell gehen muss, platziere alle Zutaten griffbereit auf der Arbeitsfläche und am Herd.

Zunächst das Hähnchenfilet abbrausen und mit Küchenpapier trocken tupfen, dann ca. 2 cm groß würfeln. Die Frühlingszwiebeln putzen, waschen und schräg in 3 cm lange Stücke schneiden. Die Möhre putzen, schälen und in dünne Scheiben schneiden.

Erst den Wok erhitzen. Er hat die richtige Temperatur, wenn 2 – 3 Tropfen Wasser darin sofort zischend verdampfen. Dann 1 EL Öl hineingeben und darin erhitzen.

Nochmals 1 EL Öl in den Wok geben. Die Möhren darin ca. 1 Min. unter Rühren braten. Currypaste einrühren und ca. 5 Sek. mitbraten. Dann das Fleisch unterrühren. Die Kokosmilch angießen, alles umrühren und einmal kräftig aufkochen lassen.

Nun die Hähnchenwürfel im heißen Öl in ca. 3 Min. bei starker Hitze anbraten und dabei wenden, bis sie hellbraun sind. Hähnchenwürfel aus dem Wok nehmen.

Jetzt noch mit frischem Grün bestreuen!

Dann die Hitze runterschalten. Die Frühlingszwiebeln unterrühren. Das Curry jetzt noch mit Zucker, Fischsauce und Limettensaft würzen und offen ca. 4 Min. bei schwacher Hitze köcheln lassen – fertig!

# Geschmacksbooster
## in Ampelfarben

### HOT BASICS

* **Rote Currypaste**: Ein Scharfmacher für viele Currys! Die Paste wird aus roten Chilischoten hergestellt. Hinzu kommen Knoblauch, Zwiebeln, Koriandersamen, Garnelenpaste, Zitronengras und andere Gewürze. Die rote Mischung ist scharf, aber in kleinen Dosen gut verträglich. Passt zu Fleisch und Gemüse.
* **Grüne Currypaste**: Sie ist die feurigste Variante und nichts für zarte Gemüter. Die Currypaste wird mit frischen grünen Chilis zubereitet. Und die sorgen für den höllenscharfen Geschmack. Dazu kommen Gewürze, Koriandergrün und Basilikum. Passt zu Lamm und Krustentieren.
* **Gelbe Currypaste**: Die relativ milde Paste aus getrockneten Chilis ist bei uns wegen ihrer sanften Schärfe sehr beliebt. Ihre tiefgelbe Farbe verdankt sie der Zugabe von Kurkuma. Sie passt am besten zu Fisch, Huhn und Suppen.

### AHA! EIN PAAR CURRYPASTEN-TIPPS:

* **Mit Öl anbraten**: Zuerst den Wok erhitzen, dann 1 EL Öl. 1 TL Currypaste einrühren und ca. 5 Sek. unter Rühren mitbraten. Dann entwickelt sich das Aroma so richtig. Aber Vorsicht: Wenn Du die Currypaste zu lange brätst, brennt sie an und schmeckt bitter.
* **Mit Kokosmilch anbraten**: Zuerst den Wok erhitzen, dann 2 EL von der cremigen Schicht, die sich auf dem oberen Teil der Kokosmilch absetzt, entnehmen und in den Wok geben. Dann die Currypaste einrühren und ca. 1 Min. unter Rühren braten. Danach die restliche Kokosmilch angießen und weitere Zutaten wie Gemüse und Fleisch darin garen.
* **Aufbewahren**: Angebrochene Gläser solltest Du grundsätzlich nur im Kühlschrank aufbewahren. Dort halten sich Currypasten über mehrere Monate. Und immer schön mit einem sauberen Löffel etwas von der Paste entnehmen, sonst verdirbt sie.

## CURRYS AUS DEM WOK

⋆ *Vegetarische Variante: Gemüse-Curry mit Kokosmilch*
Für 2 Personen: **1 Zwiebel** und **1 Knoblauchzehe** schälen und würfeln. **50 g Zu-ckerschoten** waschen und schräg halbieren. **200 g Brokkoli** waschen. Den dicken Stiel abschneiden, schälen und ca. 1 cm groß würfeln, übrigen Brokkoli in Röschen teilen. **1 rote Paprikaschote** längs halbieren und von Stielansatz, weißen Trennwänden und Samen befreien. Hälften waschen und würfeln. Erst den Wok, dann **1 EL Erdnussöl** erhitzen. Zwiebeln, Knoblauch und Paprika darin ca. 1 Min. unter Rühren braten, dann **1 TL grüne Currypaste** dazugeben und ca. 5 Sek. mitbraten. **200 ml Kokosmilch** dazugießen und aufkochen. Brokkoli-würfel und -röschen dazugeben und alles offen ca. 4 Min. köcheln lassen. Zuckerschoten am Schluss hineingeben und ca. 1 Min. mitkochen. Mit **1 EL Fisch-sauce, 1 EL Limettensaft, 1 EL Sojasauce** und **1 TL Zucker** würzen und mit den Blättchen von ½ **Bund Korianderrgrün** bestreuen.

Echt
scharfe
Tipps!

## AAAAAAAAAH - HILFE!

⋆ **Das Curry ist zu feurig!**
Eine pürierte Banane oder Würfelchen von Ananas, Mango oder Tomaten untermischen. Oder aber Kokosraspeln bzw. Kokosmilch unterrühren. Das mildert die Schärfe.

⋆ **Das Curry ist Dir zu fad?**
Kein Problem, Du kannst es einfach mit Currypaste nachwürzen. Aber Vorsicht beim Dosieren: Oft reicht schon eine Messerspitze oder ein halber Teelöffel. Auch ein Spritzer Sojasauce, ein wenig gepresster Knoblauch oder etwas gehackter Ingwer ist ideal zum Aufpeppen.

⋆ **Die Currypaste ist angebrannt!**
Weg damit und im sauberen Wok einen neuen Versuch starten! Wenn man die Paste zu lange anbrät, schmeckt sie nämlich bitter.

# VEGETA-RISCH UND VEGAN

# Grünes Gemüse mit Tempeh

**Vegane Super-Kombi mit extra viel Aroma!**

Zubereitungszeit: **ca. 35 Min.**
Pro Portion: **ca. 495 kcal**

**Für 2 Personen**
1 kleine Zwiebel
1 Knoblauchzehe
1 Stück frischer Ingwer (ca. 1 cm)
1 Stängel Zitronengras
200 g Pak Choi
200 g Brokkoli
200 g Zucchino
200 g Tempeh*
2 EL neutrales Öl
gut 2 EL Sojasauce
1 TL grüne Currypaste
200 ml Kokosmilch
1 EL Limettensaft
1 TL brauner Zucker

*Du findest Tempeh am besten im Bioladen oder Reformhaus. Das Sojaprodukt mit dem nussig-pilzigen Geschmack eignet sich prima zum Braten im Wok.

1. Die Zwiebel, den Knoblauch und den Ingwer schälen und fein hacken. Von dem Zitronengrasstängel die äußeren holzigen Blätter großzügig entfernen, dann das weiße Innere fein hacken.

2. Den Pak Choi putzen, waschen und abtropfen lassen. Die Stiele in ca. ½ cm dicke Scheiben, die Blätter in 2 cm breite Streifen schneiden. Den Brokkoli waschen. Den dicken Stiel abschneiden, schälen und ca. 1 cm groß würfeln. Übrigen Brokkoli in Röschen teilen. Zucchino waschen, putzen und in ca. ½ cm dicke Scheiben schneiden. Den Tempeh ca. 1 cm groß würfeln.

3. Erst den Wok, dann 1 EL Öl darin erhitzen. Den Tempeh hineingeben und ca. 3 Min. unter Rühren bei mittlerer Hitze knusprig braten. Die Sojasauce dazugeben. Tempeh ca. 1 Min. weiterbraten, bis die Flüssigkeit verkocht ist. Herausnehmen.

4. 1 weiteren EL Öl im Wok erhitzen. Zwiebeln, Knoblauch, Ingwer und Zitronengras mit den Pak-Choi-Stielen, Zucchinischeiben, Brokkoliwürfeln und -röschen hineingeben und alles ca. 4 Min. unter Rühren braten. Pak-Choi-Blätter dazugeben. Die Currypaste unterrühren und ca. 5 Sek. mitbraten. Die Kokosmilch mit Limettensaft und Zucker einrühren. Das grüne Gemüse mit dem Tempeh auf Tellern anrichten.

# Tofu-Gemüse-Curry

»Feel-good-food« für jeden Tag

Zubereitungszeit: **ca. 20 Min.**
Marinierzeit: **ca. 30 Min.**
Pro Portion: **ca. 445 kcal**

**Für 2 Personen**
100 g Tofu
2 – 4 EL Sojasauce
½ TL Currypulver
80 g Zuckerschoten
100 g Brokkoli
4 Frühlingszwiebeln
1 gelbe Paprikaschote
4 Mini-Maiskölbchen (Glas)
1 kleiner Zucchino
2 EL neutrales Öl | 1 TL Sesamöl
1 TL gelbe Currypaste (Asienladen)
200 ml Kokosmilch
1 TL brauner Zucker
Salz | Pfeffer

**1.** Den Tofu abtropfen lassen und in 1 cm große Würfel schneiden. Auf einen tiefen Teller legen und mit 2 EL Sojasauce beträufeln. Mit Currypulver bestäuben und zugedeckt ca. 30 Min. ziehen lassen.

**2.** Die Zuckerschoten waschen und schräg halbieren. Den Brokkoli waschen. Den dicken Stiel abschneiden, schälen und ca. 1 cm groß würfeln. Übrigen Brokkoli in kleine Röschen teilen.

**3.** Die Frühlingszwiebeln putzen, waschen und schräg in 3 cm lange Stücke schneiden. Die Paprikaschote längs halbieren und von Stielansatz, weißen Trennwänden und Samen befreien. Hälften waschen und würfeln. Die Maiskölbchen abtropfen lassen und längs halbieren. Den Zucchino waschen, putzen, längs halbieren und quer in ca. ½ cm dicke Scheiben schneiden.

**4.** Tofu aus der Marinade nehmen und in einem Sieb abtropfen lassen, die Marinade auffangen. Erst den Wok, dann 1 EL Öl darin erhitzen. Tofu darin bei starker Hitze ca. 5 Min. anbraten. 2 EL Sojasauce dazugeben (übrige Sojasauce vom Marinieren mitverwenden). Tofu weitere 3 – 5 Min. unter Rühren knusprig braun braten. Herausnehmen.

**5.** 1 weiteren EL Öl und das Sesamöl in den Wok geben. Brokkoli, Paprika und Zucchinischeiben darin unter Rühren bei starker Hitze ca. 3 Min. anbraten. Die Maiskölbchen, Zuckerschoten und Frühlingszwiebeln hinzufügen. Die Currypaste unterrühren und ca. 5 Sek. mitbraten. Die Kokosmilch dazugießen, einmal kurz aufkochen und umrühren. Das Curry mit Zucker, Salz und Pfeffer abschmecken. Die Tofuwürfel darüberstreuen.

# Gemüse-Chop-Suey

Zubereitungszeit: **ca. 25 Min.**
Pro Portion: **ca. 320 kcal**

**Für 2 Personen**
100 g Mungobohnensprossen
100 g Bambussprossen (Glas)
1 rote Paprikaschote
2 Stangen Staudensellerie
1 Zwiebel
2 Frühlingszwiebeln
100 ml Gemüsebrühe (Instant)
2 EL Sojasauce
2 EL Reiswein (nach Belieben)
1 EL Sesamöl
½ TL brauner Zucker
1 TL Speisestärke
30 g ungesalzene Erdnusskerne
1 EL neutrales Öl
2 EL süß scharfe Chilisauce
Salz
Pfeffer

1. Die Sprossen in ein Sieb geben, abbrausen und abtropfen lassen. Die Bambussprossen ebenfalls in einem Sieb abtropfen lassen. Die Paprikaschote längs halbieren und von Stielansatz, weißen Trennwänden und Samen befreien. Hälften waschen und in Streifen schneiden.

2. Den Sellerie putzen, waschen und in dünne Scheiben schneiden. Die Zwiebel schälen, halbieren und in Streifen schneiden. Die Frühlingszwiebeln putzen, waschen und schräg in ca. 3 cm lange Stücke schneiden.

3. Die Brühe mit Sojasauce, Reiswein, Sesamöl und Zucker verrühren. Die Speisestärke mit 3 EL Wasser verrühren. Die Erdnüsse grob hacken.

4. Zuerst den Wok, dann das Öl darin erhitzen. Paprika- und Zwiebelstreifen, Selleriescheibchen und Frühlingszwiebeln darin bei starker Hitze unter ständigem Rühren ca. 3 Min. braten.

5. Die Mungobohnen- und Bambussprossen dazugeben und alles ca. 1 Min. unter ständigem Rühren und Wenden weiterbraten. Dann die Brühe-Reiswein-Mischung dazugießen. Die Chilisauce und die angerührte Speisestärke einrühren und alles noch einmal aufkochen.

6. Die Hitze reduzieren. Das Gemüse-Chop-Suey mit Salz und Pfeffer abschmecken. Die Erdnüsse darüberstreuen. Dazu passt Langkornreis.

Würziger Mix aus Sprossen und buntem Gemüse: typisch Chop Suey!

# Linsen- curry mit Paprika

# Linsencurry mit Paprika

feinwürziger Import aus Indien

Zubereitungszeit: **ca. 35 Min.**
Pro Portion: **ca. 380 kcal**

**Für 2 Personen**
1 TL Koriandersamen
1 TL Chiliflocken
1 TL Kreuzkümmelsamen
½ Zimtstange
1 Zwiebel
1 Knoblauchzehe
1 Stück frischer Ingwer (ca. 2 cm)
1 Möhre
1 EL Butterschmalz
120 g rote Linsen
400 ml Gemüsebrühe (Instant)
1 Dose stückige Tomaten (400 g)
1 rote Paprikaschote
½ TL Kurkumapulver
½ TL Paprikapulver edelsüß
1 TL Tamarindenpaste*
Salz
Pfeffer
4 EL Naturjoghurt (3,5 % Fett)
½ Bund Koriandergrün

**\*** Die süß-saure Gewürzpaste wird aus den Früchten des Tamarindenbaums zubereitet. Du bekommst sie vor allem im Asienladen.

1. Den Wok erhitzen. Koriandersamen, Chiliflocken, Kreuzkümmel und die Zimtstange hineingeben und ohne Fett ca. 2 Min. unter Rühren anrösten, bis die Gewürze anfangen zu duften. Gewürze herausnehmen, in einen Mörser geben und zu einer feinpulvrigen Mischung zerstoßen (s. Info und Foto oben links).

2. Zwiebel, Knoblauch und Ingwer schälen und fein hacken. Die Möhre putzen, mit dem Sparschäler schälen und in dünne Scheiben schneiden oder hobeln.

3. Das Butterschmalz im Wok erhitzen. Zwiebeln, Knoblauch und Ingwer darin unter Rühren ca. 2 Min. braten. Linsen und die geröstete Gewürzmischung unterrühren. Die Gemüsebrühe angießen. Die Tomaten aus der Dose und die Möhrenscheiben dazugeben. Alles offen 10 – 15 Min. köcheln lassen.

4. Inzwischen die Paprikaschote längs halbieren und von Stielansatz, weißen Trennwänden und Samen befreien (s. Foto oben rechts). Hälften waschen, würfeln und dazugeben. Alles weitere 3 Min. zugedeckt köcheln und garen lassen. Das Curry mit Kurkuma-, Paprikapulver und der Tamarindenpaste würzen. Mit Salz und Pfeffer abschmecken.

5. Den Joghurt mit 1 Prise Salz verrühren. Das Koriandergrün waschen und trocken schütteln. Die Blättchen hacken.

6. Das Linsencurry in zwei tiefen Tellern anrichten. Den Joghurt darauf verteilen. Die Korianderblättchen darüberstreuen. Dazu passt indisches Fladenbrot (Naan).

## Warum und wieso ...

... werden die Gewürze hier erst gemörsert? So wird die Mischung feiner und aromatischer. Denn das Zerreiben setzt die ätherischen Öle frei. Der angenehm-intensive Geschmack lässt sich noch steigern, wenn Du die Gewürze vorher im Wok ohne Fett röstest, bis sie einen intensiven Duft abgeben. Aber Vorsicht: Auf keinen Fall die Gewürze anbrennen lassen, dann schmecken sie hinterher bitter. Wenn Du keinen Mörser hast, kannst Du die Gewürze ersatzweise in einen Gefrierbeutel füllen und mit einem Nudelholz oder mit einer leeren Flasche darüberrollen, bis sie fein zerrieben sind.

## CREMIGE VARIANTE: GELBES LINSENCURRY MIT BOHNEN

Für 2 Personen: **2 Frühlingszwiebeln** putzen, waschen und in dünne Ringe schneiden. Erst den Wok, dann **1 EL neutrales Öl** darin erhitzen. **1–2 TL gelbe Currypaste** und **1 TL brauner Zucker** darin unter Rühren ca. 5 Sek. braten. **100 g rote Linsen** dazugeben, **1 EL Fischsauce** und **1 EL Austernsauce** unterrühren. **250 ml Gemüsebrühe (Instant)** angießen. **2 Kaffir-Limettenblätter** waschen und mit **100 g grünen TK-Bohnen** hineingeben. (Oder vorgegarte, frische grüne Bohnen verwenden.) Alles bei schwacher Hitze ca. 5 Min. zugedeckt köcheln lassen. **200 ml Kokosmilch** unterrühren und alles weitere 8 Min. offen köcheln lassen. **2 Stängel Minze** waschen, trocken schütteln und die Blättchen abzupfen. Mit den Frühlingszwiebeln über das Linsencurry streuen.

Auch fein
fürs Finger-
food-Buffet!

# Frittierte Tofubällchen

mit würzigem Pink-Grapefruit-Chutney

Zubereitungszeit: **ca. 45 Min.**
Pro Portion: **ca. 570 kcal**

**Für 2 Personen**
2 Pink Grapefruits | 1 große Zwiebel
2 EL Reiswein (ersatzweise Weißweinessig)
4 EL brauner Zucker
2 Gewürznelken | 1 TL Senfkörner
1 Knoblauchzehe
1 Stück frischer Ingwer (ca. 1 cm)
2 Frühlingszwiebeln
200 g Tofu | 1 TL rote Currypaste
1 EL Sojasauce
3 EL Semmelbrösel (ca. 30 g)
3 EL gemahlene Mandeln (ca. 30 g)
1 Ei (Größe M)
Salz | Pfeffer
1 EL süß-scharfe Chilisauce
500 ml neutrales Öl zum Frittieren

1. Die Grapefruits mit einem scharfen Messer schälen, dabei die weiße, bittere Haut entfernen. Filets zwischen den Trennhäuten herausschneiden, den Saft auffangen. Die Filets klein würfeln.

2. Zwiebel schälen, würfeln und mit Fruchtfilets, -saft, Reiswein, Zucker, Nelken und Senfkörnern im Wok unter Rühren erhitzen. Zugedeckt bei schwacher Hitze ca. 25 Min. köcheln lassen.

3. Inzwischen Knoblauch und Ingwer schälen und hacken. Die Frühlingszwiebeln putzen, waschen und in feine Ringe schneiden. Den Tofu abtropfen lassen, mit der Gabel zerdrücken und mit dem Knoblauch, dem Ingwer und den Frühlingszwiebelringen mischen.

4. Die Currypaste und die Sojasauce unterrühren. Die Tofumasse mit Semmelbröseln, Mandeln und dem Ei gut vermischen, am besten mit den Händen. Masse mit Salz und Pfeffer abschmecken und mit angefeuchteten Händen 12 golfballgroße Kugeln daraus formen.

5. Das Chutney mit der Chilisauce verrühren, nochmals kurz aufkochen und aus dem Wok nehmen. Den Wok säubern.

6. Das Öl zum Frittieren im Wok erhitzen. Nach 2 – 4 Min. den Stiel eines Holzlöffels in das Öl halten. Steigen kleine Bläschen auf, ist es heiß genug.

7. Die Hälfte der Tofubällchen ins heiße Öl geben und in ca. 3 Min. knusprig braun frittieren, dabei die Bällchen wenden. Herausnehmen und auf dem Abtropfgitter abtropfen lassen. Mit den übrigen Bällchen genauso verfahren. Bällchen mit dem Grapefruit-Chutney servieren.

# Seitan-Nasi-Goreng

Indonesische Idee für Reisreste: vega-gut!

Zubereitungszeit: **ca. 35 Min.**
Pro Portion: **ca. 680 kcal**

**Für 2 Personen**

1 Zwiebel
2 Knoblauchzehen
1 frische rote Chilischote
30 g Mandelkerne
1 rote Paprikaschote
1 Möhre
2 Frühlingszwiebeln
50 g Mais (Dose)
200 g Seitan*
2 EL Erdnussöl
1 EL Ketjap Manis
2 EL Sojasauce
50 g TK-Erbsen
350 g kalter, gekochter Reis (aus 150 g Langkornreis; s. Grundrezept S. 10)

*Du kannst Seitan im Bioladen oder Reformhaus kau-
fen. Auch große Supermärkte bieten den Fleischersatz
aus Weizeneiweiß (Gluten) an.

1. Zwiebel und Knoblauch schälen und grob
   hacken. Chili waschen, putzen und längs
   aufschneiden. Die Kerne herausschaben,
   die Chilihälften in feine Streifen oder
   Würfel schneiden (danach die Hände
   waschen!). Die Mandeln grob hacken.

2. Zwiebel, Knoblauch und Chili mit den
   gehackten Mandeln in einen hohen
   Rührbecher geben und alles mit dem
   Pürierstab zu einer feinen Paste pürieren.

3. Die Paprikaschote längs halbieren und
   von Stielansatz, weißen Trennwänden
   und Samen befreien. Hälften waschen
   und würfeln. Die Möhre putzen, mit dem
   Sparschäler schälen und in dünne
   Scheiben schneiden. Die Frühlingszwiebeln putzen, waschen und in feine Ringe
   schneiden. Den Mais in einem Sieb
   abtropfen lassen. Den Seitan in ca.
   1 cm breite Streifen schneiden.

4. 1 EL Öl im Wok erhitzen, den Seitan darin
   bei mittlerer bis starker Hitze 2 – 3 Min.
   unter Rühren braten. Herausnehmen.

5. 1 weiterer EL Öl im Wok erhitzen,
   Möhrenscheiben und Paprikawürfel darin
   ca. 2 Min. bei mittlerer Hitze unter
   Rühren braten. Die Zwiebel-Mandel-Pas-
   te unterrühren und ca. 10 Sek. mitbraten.
   Dann Ketjap Manis und die Sojasauce
   hinzugeben. Die TK-Erbsen (unaufgetaut), den Mais und die Seitanstreifen
   untermischen. Den Reis dazugeben und
   alles unter Rühren ca. 3 Min. braten. Mit
   Frühlingszwiebeln bestreuen.

# Veggie-Wan-Tan

# Veggie-Wan-Tan

## fein gefüllt mit Chili-Kick

**Zubereitungszeit:** ca. 50 Min.
**Antauzeit:** ca. 45 Min.
**Pro Portion:** ca. 505 kcal

**Für 2 Personen**
12 TK-Wan-Tan-Blätter*
120 g frischer Blattspinat
Salz
1 Knoblauchzehe
1 Stück frischer Ingwer (ca. 2 cm)
1 frische rote Chilischote
50 g Champignons
2 Frühlingszwiebeln
30 g Bambussprossen
2 EL Erdnussöl
Pfeffer
**Außerdem:**
Dämpfkorb

*Die quadratischen Blätter aus Weizenmehl-Eier-Teig gibt es tiefgekühlt im Asienladen. Lass zunächst den gesamten Stapel antauen. Nicht benötigte Blätter kannst Du wieder einfrieren.

1. Wan-Tan-Blätter auf eine Arbeitsfläche legen, mit einem feuchten Tuch bedecken und ca. 45 Min. antauen lassen.

2. Dann den Spinat waschen und verlesen, die groben Stiele abschneiden. Spinat in ca. 100 ml kochendem Salzwasser zusammenfallen lassen und in einem Sieb abtropfen lassen. Den Spinat gut ausdrücken und fein hacken.

3. Knoblauch und Ingwer schälen und fein würfeln. Die Chilischote waschen, putzen und längs aufschneiden. Die Kerne herausschaben, die Chilihälften fein hacken (danach die Hände waschen!).

4. Die Champignons mit Küchenpapier abreiben und möglichst fein hacken. Die Frühlingszwiebeln putzen, waschen und in feine Ringe schneiden. Die Bambussprossen in einem Sieb abtropfen lassen und in kleine Würfel schneiden.

5. 1 EL Erdnussöl im Wok erhitzen. Knoblauch, Ingwer, Chili und die gehackten Champignons hineingeben und bei mittlerer Hitze unter Rühren ca. 2 Min. braten. Spinat, Frühlingszwiebeln und Bambussprossen unterrühren und ca. 1 Min. mitdünsten. Die Masse mit Salz und Pfeffer würzen und herausnehmen.

**6.** 4 Teigblätter vom Stapel abziehen und nebeneinander auf die Arbeitsfläche legen, die übrigen wieder mit dem feuchten Tuch bedecken. Auf die Mitte der Teigblätter je 1 gehäuften TL Spinat-Pilz-Masse geben (s. Foto oben links). Die Ränder mit etwas Wasser anfeuchten. Die Teigecken jeweils über der Füllung zusammennehmen (s. Foto oben rechts). Die »Nähte« zusammendrücken und verschließen. Auf diese Weise insgesamt 12 Veggie-Wan-Tan herstellen. Nicht benötigte Teigblätter wieder einfrieren.

**7.** Den Wok säubern, dann zu einem Drittel mit Wasser füllen (ca. 500 ml). Das Wasser bis knapp unter den Siedepunkt erhitzen. Den Boden eines Dämpfkorbes dünn mit übrigem Erdnussöl bestreichen. Wan Tan hineingeben. Den Dämpfkorb verschließen und in den Wok setzen – der Boden darf das Wasser nicht berühren. Die Veggie-Wan-Tan in ca. 10 Min. garen und heiß servieren, z. B. mit einer süß-scharfen Chilisauce.

### KNUSPER-VARIANTE: FRITTIERTE WAN-TAN

Für 2 Personen: **12 Wan-Tan-Blätter** wie im Rezept links beschrieben antauen lassen. **1 Knoblauchzehe** schälen und hacken. **50 g Mungobohnensprossen** kalt abbrausen und abtropfen lassen. **½ Stange Lauch** putzen, gründlich waschen und in feine Ringe schneiden. **1 Möhre** schälen und raspeln. **1 EL Erdnussöl** im Wok erhitzen. Knoblauch, Lauch und Möhren darin bei mittlerer Hitze ca. 3 Min. dünsten. Sprossen und **2 EL Sojasauce** unterrühren. Den Wok säubern. Je 1 gehäuften TL Möhren-Lauch-Gemüse in die Mitte der Teigblätter geben. Wan-Tan wie beschrieben verschließen. **500 ml neutrales Öl zum Frittieren** im Wok erhitzen. Die Wan-Tan im heißen Öl in ca. 3 Min. hellbraun frittieren. Herausheben, auf einem Abtropfgitter abtropfen lassen und heiß servieren.

# Kürbis-Wok mit Mandel-Couscous

ein Hauch von Orient

**Zubereitungszeit:** ca. 40 Min.
**Pro Portion:** ca. 725 kcal

**Für 2 Personen**
600 g Hokkaido-Kürbis
2 Frühlingszwiebeln
4 Stängel Petersilie
40 g Mandelkerne
je 1 TL Koriander- und Fenchelsamen
4 EL Sojasauce
4 EL flüssiger Honig
4 EL Limettensaft
1 TL Sesamöl | Pfeffer
½ TL frisch geriebene Muskatnuss
½ TL Zimtpulver | Salz
150 g Couscous
1 EL neutrales Öl
1 TL Chiliflocken
200 ml Orangensaft

1. Den Kürbis waschen, entkernen und mit der Schale zunächst in ca. 1 cm breite Spalten, dann in Würfel schneiden. Die Frühlingszwiebeln putzen, waschen und in feine Ringe schneiden. Die Petersilie waschen und trocken schütteln, die Blättchen abzupfen und hacken. Die Mandeln hacken. Koriander- und Fenchelsamen in einem Mörser zerstoßen.

2. Die Sojasauce mit Honig, 2 EL Limettensaft und Sesamöl verrühren und mit ½ TL Pfeffer, Muskat und Zimt würzen.

3. 300 ml Wasser mit ½ TL Salz zum Kochen bringen. Den Couscous dazugeben und aufkochen. Vom Herd nehmen und zugedeckt ca. 5 Min. ausquellen lassen.

4. Den Wok erhitzen. Die Mandeln darin ohne Fett ca. 3 Min. anrösten, bis sie duften und braun werden. Herausnehmen. Couscous mit einer Gabel auflockern, Mandeln und den restlichen Limettensaft (2 EL) unterrühren. Alles mit Salz und Pfeffer abschmecken.

5. Das Öl in den Wok geben. Die Fenchel-Koriander-Mischung mit den Chiliflocken 30 Sek. darin anrösten. Die Kürbiswürfel dazugeben und ca. 2 Min. bei mittlerer Hitze unter Rühren braten. Den Orangensaft dazugießen und alles zugedeckt ca. 5 Min. köcheln lassen. Dann alles offen unter Rühren in weiteren 5 Min. einkochen lassen, bis der Kürbis weich ist. Die Soja-Honig-Sauce unterrühren. Das Kürbisgemüse mit Couscous anrichten und mit den Frühlingszwiebeln und der Petersilie bestreuen.

# Pilz-Soja-Wok

Vegan und saulecker!

Zubereitungszeit: **ca. 35 Min.**
Pro Portion: **ca. 285 kcal**

**Für 2 Personen**
360 ml Gemüsebrühe (Instant)
60 g Sojaschnetzel*
1 Zwiebel
1 Knoblauchzehe
1 frische rote Chilischote
3 Frühlingszwiebeln
150 g Champignons
100 g Austernpilze
50 g Mungobohnensprossen
1 EL neutrales Öl
1 EL Sesamöl
2 EL Sojasauce
Salz
Pfeffer
2 EL Sojasahne

*Das Sojaprodukt gibt's im Bioladen, Reformhaus und in größeren Supermärkten. Für Vegetarier ein guter Ersatz für Hackfleisch!

1. Die Gemüsebrühe erhitzen. Die Sojaschnetzel in eine Schüssel geben, mit 180 ml heißer Brühe übergießen und ca. 15 Min. ausquellen lassen. Die Sojaschnetzel in ein Sieb abgießen, dabei eventuell abtropfende Brühe auffangen.

2. Zwiebel und Knoblauch schälen und hacken. Die Chilischote waschen, putzen und längs aufschneiden. Die Kerne herausschaben, die Chilihälften in kleine Würfel schneiden (danach die Hände waschen!). Die Frühlingszwiebeln putzen, waschen und schräg in ca. 3 cm lange Stücke schneiden.

3. Die Champignons mit Küchenpapier abreiben und halbieren, große Pilze vierteln. Die Austernpilze abreiben und in Streifen schneiden. Die Mungobohnensprossen in ein Sieb geben, abbrausen und abtropfen lassen.

4. Erst den Wok, dann die beiden Ölsorten darin erhitzen. Die gequollenen Sojaschnetzel hineingeben und ca. 4 Min. unter Rühren bei starker Hitze anbraten.

5. Dann Zwiebeln, Knoblauch und Chili unterrühren. Die Pilze und die Frühlingszwiebeln hinzugeben und bei mittlerer Hitze ca. 3 Min. mitbraten. Die Sojasauce unterrühren. Alles mit Salz und Pfeffer abschmecken. Die restliche Gemüsebrühe dazugießen. Zum Schluss die Mungobohnensprossen untermischen und die Sojasahne unterrühren. Dazu schmeckt Langkornreis.

# Süßkartoffel-Curry mit Kichererbsen

schön würzig und gar nicht scharf

Zubereitungszeit: **ca. 30 Min.**
Pro Portion: **ca. 505 kcal**

**Für 2 Personen**
400 g Süßkartoffeln
1 Dose Kichererbsen (400 g)
1 Zwiebel
2 Knoblauchzehen
1 Stück frischer Ingwer (ca. 2 cm)
1 rote Paprikaschote
100 g grüne, extrafeine Bohnen
1 EL Erdnussöl
1 TL Fenchelsamen
1 TL Chiliflocken
1 Lorbeerblatt
200 ml Gemüsebrühe (Instant)
100 ml Kokosmilch
1 EL Garam Masala*
1 TL gemahlener Koriander
½ TL Kurkumapulver
Salz
Pfeffer
2 Stängel Minze

*Du findest Garam Masala im Supermarkt-Gewürzregal oder im Asienladen. Das tabakbraune Pulver besteht aus Kardamom, Zimtpulver, Gewürznelken, Pfeffer, Kreuzkümmel und Muskatnuss.

1. Die Süßkartoffeln schälen, putzen und 1 cm groß würfeln. Die Kichererbsen in ein Sieb abgießen, mit kaltem Wasser abbrausen und abtropfen lassen. Zwiebel, Knoblauch und Ingwer schälen und fein hacken. Paprika längs halbieren und von Stielansatz, weißen Trennwänden und Samen befreien. Hälften waschen und in Streifen schneiden. Die Bohnen putzen, waschen und halbieren.

2. Erst den Wok, dann das Erdnussöl darin erhitzen. Fenchelsamen, Chiliflocken und Lorbeer darin unter Rühren ca. 15 Sek. anrösten. Zwiebeln, Knoblauch, Ingwer und Süßkartoffeln dazugeben und bei mittlerer Hitze unter Rühren ca. 2 Min. anbraten. Die Brühe und die Bohnen dazugeben. Alles zugedeckt bei schwacher Hitze ca. 5 Min. köcheln lassen.

3. Die Paprikastreifen unterrühren und zugedeckt ca. 2 Min. mitgaren. Dann die Kichererbsen und die Kokosmilch unterrühren und in ca. 2 Min. heiß werden lassen. Das Curry mit Garam Masala, Koriander, Kurkuma, Salz und Pfeffer würzen. Die Minze waschen und trocken schütteln. Die Blättchen abzupfen, hacken und darüberstreuen.

Ein-Topf, der satt und glücklich macht

# MIT NUDELN UND REIS

# Soba-Nudeln mit Pak Choi

Zubereitungszeit: **ca. 25 Min.**
Pro Portion: **ca. 515 kcal**

**Für 2 Personen**
1 dünne Stange Lauch (ca. 200 g)
180 g japanische Soba-Nudeln *
1 Knoblauchzehe
1 Stück frischer Ingwer (ca. 2 cm)
1 frische rote Chilischote
200 g gemischte Pilze (z. B. Austernpilze,
　Champignons, Shiitake)
100 g Pak Choi
3 EL Teriyakisauce
3 EL Reiswein (ersatzweise 2 EL Reisessig)
1 TL Sesamöl
100 ml Gemüsebrühe (Instant)
1 EL helle Sesamsamen
1 EL neutrales Öl
Salz | Pfeffer

\* Die japanischen Nudeln aus Buchweizen gibt es im
Asienladen und in größeren Supermärkten.

1. Den Lauch putzen, längs halbieren
und gründlich waschen. Lauchhälften
längs in ca. 5 mm breite Streifen schneiden (wie Tagliatelle). Die Nudeln nach
Packungsangabe in kochendem Wasser
garen, ca. 2 Min. vor Ende der Kochzeit
die Lauchstreifen zu den Nudeln geben.

2. Dann die Nudel-Lauch-Mischung in ein
Sieb abgießen, kalt abschrecken und gut
abtropfen lassen.

3. Knoblauch und Ingwer schälen und
hacken. Chili waschen, putzen und längs
aufschneiden. Die Kerne herausschaben,
die Chilihälften in sehr feine Streifen
schneiden (danach die Hände waschen!).

4. Die Pilze mit Küchenpapier abreiben und
klein schneiden, bei den Shiitake die
Stiele entfernen. Den Pak Choi putzen,
waschen und abtropfen lassen. Die Stiele
in ca. ½ cm dicke Scheiben, die Blätter
in 2 cm breite Streifen schneiden.

5. Die Teriyakisauce mit Reiswein, Sesamöl
und Brühe verrühren. Den Wok erhitzen.
Die Sesamsamen darin ca. 3 Min. ohne
Fett anrösten. Herausnehmen.

6. Das neutrale Öl in den heißen Wok
geben. Knoblauch, Ingwer, Chili mit den
Pak-Choi-Stielen und den Pilzen hineingeben und alles unter Rühren bei starker
Hitze ca. 3 Min. braten. Die Teriyaki-Reis-
wein-Mischung dazugießen. Die Pak-
Choi-Streifen dazugeben und zusammenfallen lassen. Die Nudel-Lauch-Mischung
unterheben. Alles salzen, pfeffern und
mit den Sesamsamen bestreuen.

# Nudeln mit Teriyaki-Rind

unkompliziert und so was von lecker

Zubereitungszeit: **ca. 25 Min.**
Marinierzeit: **ca. 30 Min.**
Pro Portion: **ca. 630 kcal**

**Für 2 Personen**
1 frische rote Chilischote
1 Knoblauchzehe
5 EL Teriyakisauce*
1 EL Sesamöl
200 g Rumpsteak
150 g chinesische Weizennudeln
4 Frühlingszwiebeln
6 Mini-Maiskölbchen (Glas)
150 g Champignons
1 EL Fenchelsamen
1 EL Koriandersamen
2 EL neutrales Öl
150 ml Rindfleischbrühe (Instant)

*Die japanische Würzsauce aus Sojasauce, Reiswein, Zucker, Essig und Gewürzen findest Du im Asienladen und in großen Supermärkten.

1. Die Chilischote waschen, putzen und längs aufschneiden. Die Kerne herausschaben, die Chilihälften sehr fein würfeln (danach die Hände waschen!). Den Knoblauch schälen und in dünne Scheiben schneiden. Die Scheibchen mit den Chiliwürfeln, der Teryakisauce und dem Sesamöl mischen.

2. Das Fleisch kalt abbrausen, trocken tupfen und quer in 1 cm breite Streifen schneiden. Auf einem tiefen Teller mit der Marinade mischen. Zugedeckt im Kühlschrank ca. 30 Min. ziehen lassen.

3. Die Nudeln nach Packungsangabe in ca. 5 Min. bissfest kochen, abgießen, kalt abschrecken und gut abtropfen lassen. Die Frühlingszwiebeln putzen, waschen und schräg in Stücke schneiden. Die Maiskölbchen abtropfen lassen und längs halbieren. Die Champignons abreiben und in Scheiben schneiden.

4. Das Fleisch in einem Sieb abtropfen lassen, die Marinade auffangen. Fenchel- und Koriandersamen im Mörser grob zerstoßen. Den Wok erhitzen. Die Gewürze darin ca. 30 Sek. anrösten und herausnehmen. 1 EL Öl in den heißen Wok geben. Das Fleisch darin bei starker Hitze unter Rühren in ca. 2 Min. braun braten, dann herausnehmen.

5. 1 weiterer EL Öl im Wok erhitzen. Die Pilze darin unter Rühren ca. 2 Min. braten, Frühlingszwiebeln und Maiskölbchen ca. 1 Min. mitbraten. Fleisch und Gewürze untermischen. Marinade und Brühe angießen, ca. 1 Min. köcheln lassen, dann die Nudeln unterrühren.

# Limettennudeln mit Kokos- garnelen

# Limettennudeln mit Kokosgarnelen

Zubereitungszeit: **ca. 25 Min.**
Pro Portion: **ca. 650 kcal**

**Für 2 Personen**
125 g breite Reisnudeln
250 g rohe und ungeschälte Riesengarnelen
  (frisch oder TK und aufgetaut)*
1 Stängel Zitronengras (s. Info)
1 Zwiebel
2 Knoblauchzehen
1 Stück frischer Ingwer (ca. 2 cm)
1 frische rote Chilischote
1 Bio-Limette
2 EL neutrales Öl
2 EL Kokosraspeln
1 EL Butter
100 g TK-Erbsen
100 ml Kokosmilch
50 ml Hühnerbrühe (Instant)
Salz
Pfeffer

\* Rohe und ungeschälte Garnelen bleiben beim Braten schön saftig. Du kannst auch blanchierte und bereits geschälte nehmen, darfst sie aber nur sehr kurz braten. Sonst werden sie trocken.

1. Die Reisnudeln nach Packungsangabe in ca. 3 Min. bissfest kochen. Die Nudeln in ein Sieb abgießen, kalt abschrecken und gut abtropfen lassen.

2. Die Garnelen in einem Sieb kalt abbrausen, abtropfen lassen und mit Küchenpapier trocken tupfen.

3. Von dem Zitronengrasstängel die äußeren holzigen Blätter entfernen, das weiße Innere grob hacken (s. Info und Foto oben links). Zwiebel, Knoblauch und Ingwer schälen und fein hacken. Die Chili waschen, putzen und längs aufschneiden. Die Kerne herausschaben, die Chilihälften in feine Würfel schneiden (danach die Hände waschen!).

4. Die Limette heiß waschen, trocken reiben und halbieren. Von einer Hälfte die Schale fein abreiben und den Saft auspressen. Die andere Limettenhälfte in Scheiben schneiden.

5. Erst den Wok, dann 1 EL Öl erhitzen. Zitronengras, Ingwer, Chili und die Hälfte des Knoblauchs darin unter Rühren ca. 1 Min. anbraten. Kokosraspeln dazugeben und ca. 1 Min. mitrösten. Herausnehmen.

**6.** 1 weiteren EL Öl im Wok erhitzen. Die Garnelen hineingeben und in 2–3 Min. unter Rühren rosa braten (s. Foto oben rechts). Herausnehmen und nach Belieben aus den Schalen lösen. Die Kokosmischung zurück in den Wok geben, die Garnelen darin wenden und erneut erhitzen. Die Kokosgarnelen herausnehmen und warm halten.

**7.** Für die Limettennudeln die Butter im Wok erhitzen. Die Zwiebeln und den restlichen Knoblauch mit den (unaufgetauten) Erbsen hineingeben und darin bei schwacher Hitze andünsten. Kokosmilch, Brühe und Limettenschale dazugeben und bei starker Hitze aufkochen. Limettensaft hinzufügen. Die Sauce mit Salz und Pfeffer abschmecken.

**8.** Die Nudeln in den Wok geben und mit der Sauce verrühren. Limettennudeln und Garnelen auf zwei Tellern anrichten. Mit den Limettenscheiben garnieren.

## Frischekick von der Stange: Zitronengras

Die Stängel liefern ein frisches Zitrusaroma, ohne das Gericht zu säuern. Die schilfartigen, äußeren Blätter sind so spröde, dass sie beim Kochen hart bleiben. Deshalb werden sie entfernt. Schneide nun den unteren, hellen Teil in feine Scheiben oder Würfel (s. Foto oben links). Diese sind so weich, dass man sie prima mitessen kann. Möchtest Du ein Gericht nur leicht mit Zitronengras aromatisieren, kannst Du den ganzen Stängel mitkochen und vor dem Servieren wieder herausnehmen. Vorher am besten das Zitronengras längs halbieren und mit einem Fleischklopfer oder einem kleinen Stieltopf flacher klopfen.

# Gemüse-Nudel-Wok mit Hackfleisch

Low-budget-Genuss

Zubereitungszeit: **ca. 30 Min.**
Pro Portion: **ca. 520 kcal**

**Für 2 Personen**
125 g chinesische Weizennudeln
1 Zwiebel | 2 Knoblauchzehen
2 Chinakohlblätter (ca. 100 g)
1 rote Paprikaschote | 1 Tomate
1 EL Erdnussöl (s. Info)
150 g gemischtes Hackfleisch
Salz | Pfeffer
je 1 EL Fischsauce
1 EL Limettensaft
1 TL Sambal oelek
½ TL brauner Zucker
½ Bund Koriandergrün

1. Die Nudeln nach Packungsangabe in ca. 5 Min. bissfest kochen, abgießen, kalt abschrecken und abtropfen lassen.

2. Zwiebel und Knoblauch schälen und hacken. Die Kohlblätter putzen, waschen und in Streifen schneiden. Paprika längs halbieren und von Stielansatz, weißen Trennwänden und Samen befreien. Hälften waschen und würfeln. Die Tomate waschen, halbieren, entkernen und ohne den Stielansatz würfeln.

3. Erst den Wok, dann das Öl darin erhitzen. Das Hackfleisch hineingeben und bei starker Hitze ca. 3 Min. unter ständigem Rühren krümelig braten. Mit Salz und Pfeffer würzen. Zwiebel und Knoblauch ca. 2 Min. mitbraten. Chinakohl, Paprika und Tomate zum Hackfleisch geben und unter Rühren ca. 2 Min. mitbraten.

4. Die Nudeln unter die Hackfleisch-Mischung heben. Fischsauce, Limettensaft, Sambal oelek und Zucker verrühren und unterrühren. Koriandergrün waschen und trocken schütteln, die Blättchen abzupfen, hacken und darüberstreuen.

## Warum und wieso ...

... verwendet man für Wokgerichte häufig Erdnussöl? Dieses Speiseöl wird in der Regel raffiniert. Mit seinem hohen Rauchpunkt von rund 230° eignet es sich bestens zum Braten und Frittieren. Kaltgepresstes Erdnussöl ist dagegen zum Wokken nicht empfehlenswert, denn es verbrennt schon bei 160°. Du kannst es aber prima für Salate nehmen.

# Bratnudeln mit Ei

indonesisch inspiriert und feurig

Zubereitungszeit: **ca. 30 Min.**
Pro Portion: **ca. 600 kcal**

**Für 2 Personen**
140 g chinesische Eiernudeln
1 Stück frischer Ingwer (ca. 2 cm)
3 Frühlingszwiebeln
80 g Zuckerschoten
2 Eier (Größe M)
1 TL Sojasauce
½ TL Sambal oelek
40 g ungesalzene Erdnusskerne
2 EL Erdnussöl
1 TL Chiliflocken
60 ml Hühnerbrühe (Instant)
1 EL Limettensaft
1 TL brauner Zucker
1 TL Fischsauce
2 EL Austernsauce
½ Bund Koriandergrün

**1.** Die Eiernudeln nach Packungsangabe in ca. 3 Min. knapp bissfest kochen. Nudeln in ein Sieb abgießen, kalt abschrecken und abtropfen lassen.

**2.** Den Ingwer schälen und fein hacken. Die Frühlingszwiebeln putzen, waschen und schräg in 3 cm lange Stücke schneiden. Die Zuckerschoten putzen, waschen und nach Belieben schräg halbieren.

**3.** Die Eier mit Sojasauce und Sambal oelek in einen hohen Rührbecher geben und mit dem Handrührgerät verquirlen. Die Erdnüsse grob hacken.

**4.** Den Wok erhitzen. Die Erdnüsse darin ohne Fett anrösten, bis sie duften, dann herausnehmen. Das Öl in den heißen Wok geben. Ingwer und Chiliflocken darin bei mittlerer Hitze unter Rühren ca. 30 Sek. braten. Die Brühe dazugießen. Limettensaft, Zucker, Fisch- und Austernsauce unterrühren. Die Nudeln hinzufügen und ca. 2 Min. unter ständigem Rühren mitbraten. Die Frühlingszwiebeln und die Zuckerschoten dazugeben und unter Rühren ca. 2 Min. mitbraten. Alles aus dem Wok nehmen und auf zwei Teller verteilen.

**5.** 1 weiterer EL Öl im Wok erhitzen und die Eiermasse dazugießen. Die Masse kurz stocken lassen und mit dem Pfannenwender einmal von außen nach innen zusammenschieben. Die Masse sollte nicht zu fest und nicht zu trocken sein. Die Eier im Wok mit dem Pfannenwender zerteilen und auf den Nudeln anrichten. Alles mit den gerösteten Erdnüssen bestreuen. Das Koriandergrün waschen und trocken schütteln. Die Blättchen abzupfen, hacken und darüberstreuen.

Eier können
auch scharf
und würzig!

# Enten-Nudel-Wok

# Enten-Nudel-Wok

Köstlich-Pikantes aus dem Wok-Wonderland

**Zubereitungszeit: ca. 30 Min.**
Pro Portion: **ca. 575 kcal**

**Für 2 Personen**
100 g Glasnudeln
1 Knoblauchzehe
1 Stück frischer Ingwer (ca. 2 cm)
je 1 frische rote und grüne Chilischote
½ Bund Koriandergrün
2 Stängel Thai-Basilikum*
2 Stängel Minze
30 g ungesalzene Erdnusskerne
250 g Entenbrustfilet
2 EL Limettensaft
2 EL Fischsauce
1 EL brauner Zucker
1 EL Erdnussöl
Salz
Pfeffer

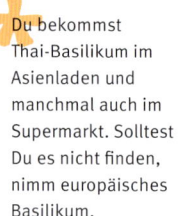

*Du bekommst Thai-Basilikum im Asienladen und manchmal auch im Supermarkt. Solltest Du es nicht finden, nimm europäisches Basilikum.

1. Die Glasnudeln mit heißem Wasser übergießen und ca. 5 Min. quellen lassen (s. Info). In ein Sieb abgießen, abtropfen lassen und in ca. 4 cm große Stücke schneiden (s. Foto oben links).

2. Knoblauch und Ingwer schälen und hacken. Chilis waschen, putzen und längs aufschneiden. Die Kerne herausschaben, die Chilihälften fein würfeln (danach die Hände waschen!).

### Warum und wieso ...

... müssen Glasnudeln eigentlich nicht gekocht werden? Weil sie so fein sind! Glasnudeln werden aus Mungobohnen-, Erbsen- oder anderer Stärke hergestellt. Bei der Produktion wird das Stärkemehl mit Wasser vermischt und zu hauchdünnen, langen Nudeln verarbeitet. Diese werden danach getrocknet. Nach dem Einweichen in heißem Wasser sind sie zunächst durchsichtig. Du kannst sie am besten mit einer Küchenschere zerkleinern.

3. Koriandergrün, Thai-Basilikum und Minze waschen und trocken schütteln. Die Kräuterblättchen abzupfen und bis auf einen kleinen Rest fein hacken. Die Erdnüsse ebenfalls hacken.

4. Das Entenbrustfilet kalt abbrausen und mit Küchenpapier trocken tupfen. Das Filet mit der Hautseite nach oben auf eine Arbeitsfläche legen. Die Haut samt der Fettschicht darunter mit einem scharfen Messer entfernen (s. Foto oben rechts). Das Fleisch quer in ca. 1 cm breite Scheiben schneiden.

5. Den Limettensaft mit Fischsauce und Zucker verrühren. Den Wok erhitzen. Die Erdnüsse darin ohne Fett anrösten, bis sie duften. Herausnehmen.

6. Das Öl im Wok erhitzen. Das Entenfleisch mit Knoblauch, Ingwer und Chiliwürfeln hineingeben und unter Rühren ca. 5 Min. bei starker Hitze anbraten, mit Salz und Pfeffer würzen. Danach die Hitze reduzieren. Alles mit den Glasnudeln, den Erdnüssen und dem Limettendressing mischen. Die gehackten Kräuter unterrühren, Kräuterblättchen über den Enten-Nudel-Wok streuen.

## AROMATISCHE VARIANTE: GLASNUDELN MIT PILZEN

Für 2 Personen: **10 g getrocknete Mu-Err-Pilze** mit heißem Wasser bedecken, ca. 20 Min. einweichen. **100 g Glasnudeln** wie im Rezept links beschrieben zubereiten und klein schneiden. **1 Knoblauchzehe** und **1 Stück frischen Ingwer** (ca. 1 cm) schälen und hacken. **2 Frühlingszwiebeln** putzen, waschen und schräg in 2 cm lange Stücke schneiden. **1 Möhre** schälen, dann mit dem Sparschäler längs in Streifen schneiden. Die Pilze abgießen und in Streifen schneiden. Erst den Wok, dann **1 EL Erdnussöl** und **1 TL Sesamöl** darin erhitzen. Knoblauch, Ingwer, Pilze und Möhren darin ca. 2 Min. braten. Frühlingszwiebeln, **2 EL braunen Zucker** und **80 ml Gemüsebrühe** hinzufügen. **2 EL Sojasauce** und **1 ½ EL Sambal oelek** unterrühren. Nudeln untermischen.

# Reis mit Thai-Gemüse

Zubereitungszeit: **ca. 30 Min.**
Pro Portion: **ca. 510 kcal**

**Für 2 Personen**
Salz
150 g Basmatireis
2 Knoblauchzehen
1 Stück frischer Ingwer (ca. 2 cm)
6 Mini-Maiskölbchen (Glas)
1 Möhre
50 g Zuckerschoten
1 rote Paprikaschote
2 Chinakohlblätter (ca. 100 g)
2 Frühlingszwiebeln
2 EL neutrales Öl
1 TL brauner Zucker
2 EL Austernsauce
1 EL Fischsauce
1 EL Tamarindenpaste
Pfeffer

**1.** In einem Topf 300 ml Wasser mit ¼ TL Salz aufkochen. Den Basmatireis einstreuen und aufkochen. Dann bei schwächster Hitze in ca. 20 Min. zugedeckt garen, bis der Reis das Wasser aufgesogen hat (s. Grundrezept S. 10). Dann den Reis mit der Gabel auflockern.

**2.** Inzwischen Knoblauch und Ingwer schälen und hacken. Die Maiskölbchen abtropfen lassen und längs halbieren. Die Möhre putzen, mit dem Sparschäler schälen und in dünne Scheiben schneiden. Die Zuckerschoten putzen, waschen und schräg halbieren.

**3.** Die Paprikaschote längs halbieren und von Stielansatz, weißen Trennwänden und Samen befreien. Hälften waschen und in Streifen schneiden. Kohlblätter putzen, waschen, trocken schütteln und in feine Streifen schneiden. Die Frühlingszwiebeln putzen, waschen und schräg in 3 cm lange Stücke schneiden.

**4.** Erst den Wok, dann das Öl darin erhitzen. Knoblauch, Ingwer, Möhren, Zuckerschoten, Paprika und Maiskölbchen darin ca. 3 Min. bei mittlerer Hitze unter Rühren braten. Zucker, Austernsauce und Fischsauce unterrühren. Sobald das Gemüse bissfest ist, Tamarindenpaste, Chinakohl und Frühlingszwiebeln hinzufügen. 3 EL Wasser dazugeben und alles ca. 1 Min. weitergaren. Umrühren und mit Pfeffer abschmecken. Das Thai-Gemüse mit dem Reis anrichten.

Jede Menge Farbe auf dem Teller – und auch jede Menge Vitamine!

# Bratreis mit Schweinefilet

würziger Mix zum Pfannenrühren

Zubereitungszeit: **ca. 25 Min.**
Pro Portion: **ca. 545 kcal**

**Für 2 Personen**

1 Stück frischer Ingwer (ca. 2 cm)
1 frische rote Chilischote
1 Möhre
2 Frühlingszwiebeln
80 g Zuckerschoten
250 g Schweinefilet
2 EL neutrales Öl
2 TL chinesisches Fünf-Gewürze-Pulver
350 g kalter, gekochter Reis (aus 150 g Lang-
    kornreis; s. Grundrezept S. 10)
2 EL Sojasauce
1 EL Reiswein (nach Belieben)
Salz | Pfeffer
Hoisinsauce zum Servieren

1. Den Ingwer schälen und fein hacken. Die Chilischote waschen, putzen und längs aufschneiden. Die Kerne herausschaben, die Chilihälften in feine Würfel schneiden (danach die Hände waschen!).

2. Die Möhre putzen, mit dem Sparschäler schälen und in dünne Scheiben schneiden. Die Frühlingszwiebeln putzen, waschen und schräg in ca. 3 cm lange Stücke schneiden. Die Zuckerschoten putzen, waschen und schräg halbieren.

3. Das Schweinefilet kalt abbrausen und mit Küchenpapier trocken tupfen. Das Fleisch quer in ca. 1 cm dicke Scheiben schneiden. Die Scheiben dann in ca. 1 cm dicke Streifen schneiden.

4. Erst den Wok, dann 1 EL Öl darin erhitzen. Das Fünf-Gewürze-Pulver mit Ingwer und Chili hineingeben und unter Rühren ca. 30 Sek. braten. Das Schweinefleisch hinzufügen und ca. 2 Min. unter Rühren bei starker Hitze braten, bis es rundherum schön gebräunt ist. Das Fleisch aus dem Wok nehmen und beiseitestellen.

5. 1 weiteren EL Öl in den Wok geben. Die Möhrenscheiben darin unter Rühren ca. 2 Min. braten. Den gegarten Reis dazugeben und unter Rühren bei mittlerer Hitze ca. 3 Min. braten.

6. Die Frühlingszwiebeln und die Zuckerschoten unterrühren und ca. 1 Min. mitgaren. Das Schweinefleisch unterheben. Alles mit Sojasauce, Reiswein, Salz und Pfeffer würzen. Dazu Hoisinsauce zum Nachwürzen bei Tisch servieren.

# Reis mit Curry-Pute

aromatischer Mix aus Indonesien

Zubereitungszeit: **ca. 30 Min.**
Pro Portion: **ca. 600 kcal**

**Für 2 Personen**
250 g Putenbrustfilet
1 EL flüssiger Honig
1 TL Sesamöl
2 EL Ketjap Manis
2 TL Currypulver
1 TL Tomatenketchup
1 TL Speisestärke | Salz
150 g Basmatireis
1 Knoblauchzehe
1 frische rote Chilischote
1 Stängel Zitronengras
3 Frühlingszwiebeln
1 rote Paprikaschote
2 EL neutrales Öl | Pfeffer

**1.** Fleisch kalt abbrausen, trocken tupfen und in ca. 1 cm breite Streifen schneiden. Honig, Sesamöl, Ketjap Manis, 1 TL Currypulver, Ketchup und Stärke verrühren und mit dem Fleisch mischen. Fleisch zugedeckt ca. 20 Min. ziehen lassen.

**2.** 300 ml Wasser mit ¼ TL Salz aufkochen. Den Reis einstreuen, aufkochen, dann bei schwächster Hitze in ca. 20 Min. zugedeckt garen (s. Grundrezept S. 10). Reis mit der Gabel auflockern.

**3.** Inzwischen den Knoblauch schälen und fein hacken. Die Chili waschen, putzen und längs aufschneiden. Die Kerne herausschaben, die Chilihälften in feine Streifen schneiden (danach die Hände waschen!). Von dem Zitronengrasstängel die äußeren holzigen Blätter entfernen, das weiße Innere hacken.

**4.** Die Frühlingszwiebeln putzen, waschen und schräg in 3 cm lange Stücke schneiden. Die Paprikaschote längs halbieren und von Stielansatz, weißen Trennwänden und Samen befreien. Die Paprikahälften waschen und in schmale Streifen schneiden.

**5.** Erst den Wok, dann 1 EL Öl darin erhitzen. Das Putenfleisch mit einem Sieblöffel aus der Marinade nehmen, abtropfen lassen und unter Rühren ca. 2 Min. bei starker Hitze anbraten. Herausnehmen.

**6.** 1 weiteren EL Öl in den Wok geben. Knoblauch, Chili, Zitronengras und Paprika dazugeben und ca. 2 Min. bei mittlerer Hitze unter Rühren braten. Die Frühlingszwiebeln unterrühren und ca. 1 Min. mitbraten. Die Marinade dazugießen. Reis, Fleisch und übriges Currypulver (1 TL) unterrühren. Alles mit Salz und Pfeffer abschmecken.

# Bratreis mit Gewürz-Cashews

würziger Kick für Reis-Reste, Kraut & Rüben

Zubereitungszeit: **ca. 30 Min.**
Pro Portion: **ca. 590 kcal**

**Für 2 Personen**
2 Knoblauchzehen
200 g Champignons
250 g Weißkohl
2 Möhren
60 g Cashewkerne
½ TL Cayennepfeffer
1 TL Currypulver
1 TL Paprikapulver edelsüß
1 EL neutrales Öl
1 TL Sesamöl
1 TL Fünf-Gewürze-Pulver (s. Info)
350 g kalter gekochter Reis (aus 150 g Basmatireis; s. Grundrezept S. 10)
3 – 4 EL Sojasauce
Pfeffer

**1.** Den Knoblauch schälen und hacken. Die Champignons mit Küchenpapier abreiben und in Scheiben schneiden. Den Weißkohl waschen und ggf. halbieren oder vierteln. Den Strunk entfernen, den Kohl in Streifen schneiden. Die Möhren putzen, mit dem Sparschäler schälen und in Scheiben schneiden.

**2.** Die Cashewkerne mit einem schweren, scharfen Messer grob hacken.

**3.** Den Wok erhitzen und die Cashews darin unter Rühren ohne Fett anrösten, bis sie duften. Mit Cayennepfeffer, Curry- und Paprikapulver bestäuben. Die gerösteten Nüsse umrühren und sofort aus dem Wok nehmen, da sie sonst nachbräunen.

**4.** Beide Öle im Wok erhitzen. Knoblauch, Champignons, Weißkohl und Möhren hineingeben und unter Rühren ca. 1 Min. braten. Mit Fünf-Gewürze-Pulver bestäuben. Den gegarten Reis dazugeben und unter Rühren ca. 3 Min. mitbraten. Die Sojasauce und 2 – 3 EL Wasser unterrühren. Mit den Gewürz-Cashews mischen und mit Pfeffer abschmecken.

## Fünf-Gewürze-Pulver selber machen

Für 2 – 3 TL des chinesischen Gewürzes zerstoße einfach in einem Mörser 1 Stück Sternanis, 1 TL Szechuan-Pfefferkörner, 1 TL Fenchelsamen, 1 TL Gewürznelken und 1 TL Zimtpulver. Das frisch zubereitete Pulver ist viel aromatischer als die fertige Mischung, die Du im Asienladen bekommst.

# MIT FISCH UND FLEISCH

# Gelbes Fischcurry

Feines im Handumdrehen gezaubert

Zubereitungszeit: **ca. 25 Min.**
Pro Portion: **ca. 455 kcal**

**Für 2 Personen**
1 Zwiebel | 1 Knoblauchzehe
1 frische rote Chilischote
1 Stück frischer Ingwer (ca. 1 cm)
1 Möhre
100 g frischer Blattspinat
300 g festes Fischfilet (s. Info)
2 EL neutrales Öl | Salz
1 TL gelbe Currypaste (Asienladen)
1 EL Fischsauce
250 ml Kokosmilch
1 EL Limettensaft
1 TL brauner Zucker
½ Bund Koriandergrün

1. Zwiebel und Knoblauch schälen und fein würfeln. Chili waschen, putzen und längs aufschneiden. Die Kerne herausschaben, die Chilihälften in sehr feine Streifen schneiden (danach die Hände waschen!). Den Ingwer schälen und fein hacken. Die Möhre putzen, mit dem Sparschäler schälen und in dünne Scheiben schneiden. Den Spinat waschen und verlesen, die groben Stiele abschneiden.

2. Den Fisch kalt abbrausen, trocken tupfen und in 2 cm große Würfel schneiden.

3. Erst den Wok, dann 1 EL Öl darin erhitzen. Fischwürfel darin unter Rühren ca. 1 Min. anbraten. Salzen und herausnehmen.

4. 1 weiterer EL Öl in den Wok geben. Zwiebel, Knoblauch, Chili, Ingwer und Möhren darin unter Rühren ca. 2 Min. anbraten. Die Currypaste unterrühren und ca. 5 Sek. mitbraten. Fischsauce und Kokosmilch angießen. Limettensaft und Zucker hinzufügen. Den Spinat hinzugeben und zusammenfallen lassen. Fischwürfel unterheben. Zugedeckt ca. 3 Min. bei schwacher Hitze köcheln lassen. Inzwischen das Koriandergrün waschen und trocken schütteln. Die Blättchen abzupfen, hacken und über das Fischcurry streuen.

## Warum und wieso ...

... ist hier festes Fischfilet besonders empfehlenswert? Weil sehr weichfleischige Fische wie Schellfisch oder Rotbarben beim Braten schnell zerfallen. Filet von festfleischigem Fisch (z. B. Kabeljau, Rotbarsch, Seelachs oder Steinbeißer) lässt sich besser in Stücke teilen und behält auch beim Pfannenrühren seine Form.

# Knusper-Fisch mit Chili-Ingwer-Sirup

Zugreifen und genießen!

Zubereitungszeit: **ca. 55 Min.**
Pro Portion: **ca. 410 kcal**

**Für 2 Personen**
250 g festes Fischfilet (z. B. Kabeljau, Rotbarsch, Seelachs oder Steinbeißer)
2 EL Sojasauce
2 EL Reiswein (ersatzweise 2 EL Reisessig)
1 Stück frischer Ingwer (ca. 2 cm)
1 frische rote Chilischote
3 EL brauner Zucker
4 EL Weißweinessig
1 TL Fischsauce
3 EL Mehl | 1 TL Currypulver
4 EL Semmelbrösel
500 ml neutrales Öl zum Frittieren

1. Den Fisch kalt abbrausen, mit Küchenpapier trocken tupfen und in 2–3 cm große Stücke schneiden. Stücke auf einem Teller mit Sojasauce und Reiswein beträufeln und ca. 15 Min. ziehen lassen.

2. Inzwischen für den Sirup den Ingwer schälen und fein hacken. Die Chili waschen, putzen und längs aufschneiden. Die Kerne herausschaben, die Chilihälften in feine Würfel schneiden (danach die Hände waschen!).

3. Zucker, Essig, Fischsauce, Chili und Ingwer in den Wok geben. Unter Rühren erhitzen und bei mittlerer Hitze 3 – 4 Min. offen köcheln lassen, bis sich der Zucker aufgelöst hat und der Sirup andickt. Herausnehmen. Den Wok säubern.

4. Das Mehl mit dem Currypulver mischen und mit 4 EL Wasser mit dem Schneebesen glatt rühren. Die Semmelbrösel in einen tiefen Teller geben.

5. Die Fischstücke abtropfen lassen. Das Öl zum Frittieren im Wok erhitzen. Den Fisch zuerst in der Mehlmischung, dann in den Semmelbröseln wenden, dabei die Panade leicht andrücken. Den Stiel eines Holzlöffels in das Öl halten. Steigen kleine Bläschen auf, ist es heiß genug zum Frittieren (nach 2 – 4 Min.).

6. Die Hälfte der Fischstücke ins heiße Öl geben und in ca. 3 Min. knusprig hellbraun frittieren, dabei die Stücke zwischendurch mithilfe von zwei Esslöffeln wenden. Herausnehmen und auf dem Abtropfgitter abtropfen lassen. Übrige Fischstücke ebenso frittieren. Alle Stücke mit dem Chili-Ingwer-Sirup anrichten. Dazu passt Basmatireis.

**Fish-Nuggets mit extra viel Crunch und Würze**

# Seafood-Wok

Zubereitungszeit: **ca. 25 Min.**
Pro Portion: **ca. 350 kcal**

**Für 2 Personen**
500 g gemischte Meeresfrüchte (frisch oder
   TK und aufgetaut)
2 Knoblauchzehen
1 rote Paprikaschote
1 Stange Lauch
1 Möhre
2 Tomaten
2 Stangen Thai-Sellerie*
2 Stängel Thai-Basilikum
1 EL neutrales Öl
1 TL rote Currypaste
1 EL brauner Zucker
1 EL Austernsauce
1 EL Fischsauce
Salz
Pfeffer

*Thai-Sellerie ist eine kleinere Variante unseres Stau-
denselleries und vor allem in Asienläden erhältlich.
Wenn Du ihn nicht findest, kannst Du ihn durch
2 Stangen Staudensellerie ersetzen.

**1.** Die Meeresfrüchtemischung – ob frisch
oder TK und aufgetaut – in ein Sieb
geben und kalt abbrausen. Die Meeresfrüchte abtropfen lassen und mit Küchenpapier sorgfältig trocken tupfen.

**2.** Den Knoblauch schälen und in dünne
Scheiben schneiden. Die Paprika längs
halbieren und von Stielansatz, weißen
Trennwänden und Samen befreien.
Hälften waschen und in Streifen schneiden. Den Lauch putzen und gründlich
waschen. Weiße und hellgrüne Teile in
feine Ringe schneiden. Die Möhre
schälen, dann mit dem Sparschäler in
lange Streifen schneiden.

**3.** Die Tomaten waschen, halbieren und
ohne die Stielansätze würfeln. Den
Sellerie putzen, waschen und in dünne
Scheiben schneiden. Das Thai-Basilikum
waschen und trocken schütteln. Die
Blättchen abzupfen und hacken.

**4.** Erst den Wok, dann das Öl darin erhitzen.
Knoblauch, Paprika, Möhren, Lauch und
Sellerie dazugeben und bei starker Hitze
ca. 2 Min. unter Rühren braten. Die
Meeresfrüchte hinzufügen und ca. 2 Min.
unter Rühren braten. Die Currypaste
unterrühren und ca. 5 Sek. mitbraten.

**5.** Die Tomaten hinzufügen und alles noch
ca. 1 Min. braten. Den Zucker, das
Thai-Basilikum sowie die Austern- und
Fischsauce unterrühren. Den Sea-
food-Wok mit Salz und Pfeffer abschmecken. Dazu passt ofenwarmes Baguette.

# Chili-Koriander-Lachs

Im Dampfbad gart der Fisch perfekt – für volles Aroma!

Zubereitungszeit: **ca. 30 Min.**
Marinierzeit: **ca. 1 Std.**
Pro Portion: **ca. 400 kcal**

**Für 2 Personen**
1 Stängel Zitronengras
1 Stück frischer Ingwer (ca. 2 cm)
1 frische rote Chilischote
2 Frühlingszwiebeln
½ Bund Koriandergrün
1 TL Sesamöl
1 EL Fischsauce
½ Limette
Salz
2 Lachsfilets (à 150 g; ohne Haut)
1 EL neutrales Öl
**Außerdem:**
Dämpfkorb

1. Vom Zitronengras die äußeren holzigen Blätter entfernen, das weiße Innere grob hacken. Den Ingwer schälen und fein hacken. Die Chili waschen, putzen und längs aufschneiden. Die Kerne herausschaben, die Chilihälften in feine Würfel schneiden (danach die Hände waschen!).

2. Die Frühlingszwiebeln putzen, waschen und in feine Ringe schneiden. Koriandergrün waschen und trocken schütteln, Blättchen abzupfen und hacken.

3. Für die Marinade in einer kleinen Schüssel das Sesamöl mit der Fischsauce verrühren. Die Limettenhälfte auspressen, den Saft unter die Mischung rühren. Das Zitronengras, den Ingwer, die Chiliwürfel und ½ TL Salz dazugeben und untermischen. Die Hälfte des Koriandergrüns unterrühren. Den Rest der gehackten Blättchen mit den Frühlingszwiebeln mischen und beiseitelegen.

4. Die Lachsfilets kalt abbrausen und mit Küchenpapier trocken tupfen. Auf einen tiefen Teller legen und mit der Marinade bedecken. Lachs zugedeckt im Kühlschrank ca. 1 Std. ziehen lassen.

5. Dann den Wok zu einem Drittel mit Wasser (ca. 500 ml) füllen. Das Wasser bis knapp unter den Siedepunkt erhitzen. Den Boden eines Dämpfkorbes mit dem neutralen Öl bestreichen.

6. Den Fisch aus der Marinade nehmen und in den Dämpfkorb legen. Den Dämpfkorb verschließen und in den Wok setzen – der Boden darf das Wasser nicht berühren. Die Lachsfilets 10 – 12 Min. über Dampf garen. Mit der Frühlingszwiebel-Koriander-Mischung bestreuen und nach Belieben im Dämpfkorb servieren. Dazu passt Jasminreis.

Fisch aus dem
Aromasafe:
herrlich würzig!

# Schweine-filet mit Chili-Karamell

# Schweinefilet mit Chili-Karamell

mit süß-scharfem Mangokompott unwiderstehlich

**Zubereitungszeit: ca. 30 Min.**
**Pro Portion: ca. 555 kcal**

**Für 2 Personen**
1 Schalotte
1 reife Mango (ca. 300 g)
1 EL neutrales Öl
1 EL Honig
2 EL Limettensaft
2 EL süß-scharfe Chilisauce
Salz
350 g Schweinefilet
1 Stück frischer Ingwer (ca. 1 cm)
1 frische rote Chilischote
1 EL Sesamöl
3 EL Sojasauce
1 TL Fischsauce
4 EL brauner Zucker

**1.** Für das Mangokompott die Schalotte schälen und in kleine Würfel schneiden. Die Mango schälen, dann das Fruchtfleisch bis zum Stein rundherum in jeweils ca. ½ cm dünnen Scheiben abschneiden (s. Foto oben links). Die Scheiben dann in Würfel schneiden.

**2.** Das neutrale Öl im Wok erhitzen. Die Schalottenwürfel darin unter Rühren in ca. 2 Min. glasig dünsten. Die Mangowürfel unterrühren. Honig, 1 EL Limettensaft und die Chilisauce dazuzugeben.

**3.** Alles umrühren und ca. 2 Min. bei schwacher Hitze offen köcheln lassen. Mangokompott mit Salz abschmecken. Herausnehmen und beiseitestellen.

**4.** Das Schweinefilet kalt abbrausen und mit Küchenpapier trocken tupfen. Das Fleisch quer in ca. 1 cm dicke Scheiben schneiden. Die Scheiben dann in ca. 1 cm dicke Streifen schneiden.

**5.** Den Ingwer schälen und fein hacken. Die Chilischote waschen, putzen und längs aufschneiden. Die Kerne herausschaben, die Chilihälften in feine Würfel schneiden (danach die Hände waschen!).

**6.** Das Sesamöl im Wok erhitzen. Die Schweinefiletstreifen dazugeben und unter Rühren ca. 2 Min. braten, bis sie goldbraun werden (s. Foto oben rechts). Das Fleisch herausnehmen.

**7.** Ingwer, Chiliwürfel, Sojasauce, Fischsauce und den übrigen Limettensaft in den Wok geben. Den Zucker hinzugeben und alles bei schwacher Hitze ca. 2 Min. unter Rühren köcheln lassen, bis sich der Zucker aufgelöst hat.

**8.** Das Schweinefleisch zurück in den Wok geben, in der Sauce wenden und ca. 2 Min. darin erhitzen. Die Fleischstreifen mit der Sauce und dem lauwarmen oder kalten Mangokompott anrichten. Dazu passt Basmatireis.

## SCHARFE VARIANTE: SCHWEIN MIT WOK-SALAT

Für 2 Personen: **400 g Chinakohl** putzen, waschen, die Blätter trocken schütteln und in 1 cm breite Streifen schneiden. **200 g Mungobohnensprossen** kalt abbrausen, abtropfen lassen. **1 Möhre** schälen, mit dem Sparschäler längs in Streifen schneiden. ½ **TL Cayennepfeffer**, ½ **TL Pfeffer**, ½ **TL Salz**, ½ **TL chinesisches Fünf-Gewürze-Pulver** und **1 TL Mehl** mischen. **300 g Schweineschnitzel** kalt abbrausen, trocken tupfen, in 1 cm breite Streifen schneiden und in der Gewürzmischung wenden. Erst den Wok, dann **1 EL neutrales Öl** darin erhitzen. Fleisch darin in ca. 2 Min. goldbraun braten. Herausnehmen. **1 TL Chiliflocken** in **1 EL Sesamöl** ca. 5 Sek. anrösten. Kohl, Sprossen, Möhren, **2 EL Zitronensaft** und **2 EL Sojasauce** ca. 3 Min. unter Rühren mitbraten. Fleisch unterrühren und alles mit **Salz** und **Pfeffer** würzen.

# Rindfleisch mit Wasabi

der Tick Schärfe macht's

Zubereitungszeit: **ca. 30 Minuten**
Pro Portion: **ca. 350 kcal**

**Für 2 Personen**
1 Zwiebel | 1 Knoblauchzehe
100 g grüne, extrafeine Bohnen
50 g Mungobohnensprossen
1 TL Wasabipaste (s. Info)
2 EL Sojasauce | 1 EL Honig
1 EL mittelscharfer Senf
250 g Rumpsteak
2 EL neutrales Öl
100 ml Rindfleischbrühe (Instant)
Salz | Pfeffer

**1.** Die Zwiebel schälen, halbieren und in Streifen schneiden. Den Knoblauch schälen und hacken. Die Bohnen putzen, waschen und halbieren. Die Mungobohnensprossen in ein Sieb geben, abbrausen und abtropfen lassen.

**2.** Die Wasabipaste mit Sojasauce, Honig und Senf verrühren. Das Rumpsteak kalt abbrausen, trocken tupfen und quer in 1 cm breite Streifen schneiden.

**3.** Erst den Wok, dann das Öl darin erhitzen. Zwiebeln, Knoblauch und die Bohnen darin bei mittlerer Hitze ca. 2 Min. unter Rühren braten. Herausnehmen.

**4.** 1 weiterer EL Öl im Wok erhitzen. Das Fleisch darin unter Rühren bei starker Hitze in ca. 2 Min. braun braten. Hitze reduzieren und die Honig-Wasabi-Mischung unterrühren. Herausnehmen.

**5.** Die Bohnenmischung mit der Brühe in den Wok geben und zugedeckt bei mittlerer Hitze ca. 7 Min. garen. Die Sprossen unterrühren und alles ca. 1 Min. offen weitergaren. Das Fleisch unterheben. Alles mit Salz und Pfeffer abschmecken. Dazu passt Langkornreis.

## Wasabi ...

... ist ein grüner Meerrettich aus Japan, der frisch bei uns kaum zu finden ist. Im Asienladen und in größeren Supermärkten bekommst Du ihn als Paste und Pulver. Diese Produkte enthalten neben Wasabi hauptsächlich Meerrettich und Senföle und haben den typisch brennend-scharfen Geschmack. Das Pulver wird einfach portionsweise mit Wasser angerührt. Geöffnete Tuben oder Gläser mit Paste solltest Du schnell wieder verschließen und im Kühlschrank lagern, sonst geht die Schärfe verloren.

# Asia-Entenbrust mit Gemüse

Fernost at its best

Zubereitungszeit: **ca. 25 Minuten**
Pro Portion: **ca. 435 kcal**

**Für 2 Personen**
300 g Entenbrustfilet
1 Knoblauchzehe
1 Stück frischer Ingwer (ca. 1 cm)
1 rote Paprikaschote
2 Frühlingszwiebeln
100 g Mangold | 1 Möhre
50 g Mungobohnensprossen
1 EL neutrales Öl | 1 TL Sesamöl
Salz | Pfeffer
80 ml Hühnerbrühe (Instant)
1–2 EL Sojasauce
1–2 EL süß-scharfe Chilisauce
1 EL Austernsauce
½ TL Currypulver
1 TL brauner Zucker

**1.** Das Entenbrustfilet kalt abbrausen, trocken tupfen und mit der Hautseite nach oben auf eine Arbeitsfläche legen. Die Haut samt der Fettschicht mit einem scharfen Messer entfernen. Das Fleisch quer in 1 cm dicke Scheiben schneiden.

**2.** Knoblauch und Ingwer schälen und hacken. Die Paprikaschote längs halbieren und von Stielansatz, weißen Trennwänden und Samen befreien. Die Hälften waschen und in dünne Streifen schneiden. Die Frühlingszwiebeln putzen, waschen und schräg in ca. 3 cm lange Stücke schneiden.

**3.** Den Mangold putzen, waschen und trocken schütteln. Die Blätter in ca. 2 cm breite Streifen schneiden, die Stiele in ca. 1 cm breite Streifen. Die Möhre putzen, mit dem Sparschäler schälen und in dünne Scheiben schneiden. Die Sprossen in ein Sieb geben, abbrausen und abtropfen lassen.

**4.** Erst den Wok, dann die beiden Öle darin erhitzen. Fleisch mit Knoblauch und Ingwer darin unter Rühren in ca. 5 Min. bei starker Hitze anbraten, mit Salz und Pfeffer würzen. Herausnehmen.

**5.** Paprika, Mangold und Möhren in den Wok geben und unter Rühren bei mittlerer Hitze ca. 3 Min. braten. Die Frühlingszwiebeln dazugeben und alles ca. 1 Min. weiterbraten.

**6.** Die Brühe dazugießen. Soja-, Chili- und Austernsauce unterrühren. Alles mit Currypulver bestäuben, mit Salz, Pfeffer und Zucker abschmecken. Zum Schluss die Entenbrusttreifen und Sprossen unterheben. Dazu passt Basmatireis.

# Honig-Ingwer-Hühnchen

fruchtig, würzig und schön leicht

Zubereitungszeit: **ca. 25 Min.**
Marinierzeit: **ca. 45 Min.**
Pro Portion: **ca. 460 kcal**

**Für 2 Personen**
1 Stück frischer Ingwer (ca. 3 cm)
1 Knoblauchzehe | 1 EL Sojasauce
2 EL Reiswein (ersatzweise 2 EL Reisessig)
1 EL Sesamöl | 1 EL Honig
1 TL Chiliflocken
300 g Hähnchenbrustfilet
1 rote Paprikaschote
2 Frühlingszwiebeln
100 g Brokkoli
150 g stückige Ananas (Dose)
2 EL neutrales Öl
Salz | Pfeffer
100 ml Hühnerbrühe (Instant)

**1.** Ingwer und Knoblauch schälen und fein hacken. In einer kleinen Schüssel Sojasauce, Reiswein, Sesamöl, Honig und Chiliflocken verrühren. Ingwer und Knoblauch hineingeben.

**2.** Das Hähnchenbrustfilet kalt abbrausen, mit Küchenpapier trocken tupfen und quer in 1 cm breite Streifen schneiden. Die Hähnchenstreifen mit der Marinade mischen und zugedeckt ca. 45 Min. im Kühlschrank ziehen lassen.

**3.** Die Paprikaschote längs halbieren und von Stielansatz, weißen Trennwänden und Samen befreien. Hälften waschen und in Streifen schneiden. Die Frühlingszwiebeln putzen, waschen und schräg in 3 cm lange Stücke schneiden. Den Brokkoli waschen. Den dicken Stiel abschneiden, schälen und ca. 1 cm groß würfeln. Übrigen Brokkoli in Röschen teilen. Die Ananasstücke in ein Sieb geben und abtropfen lassen.

**4.** Die Hähnchenstreifen aus der Marinade nehmen und abtropfen lassen, dabei die Marinade auffangen. Erst den Wok, dann 1 EL neutrales Öl darin erhitzen. Das Hähnchenfleisch mit Chili und Knoblauch hineingeben und unter Rühren bei starker Hitze in 2 – 3 Min. goldbraun braten, dann mit Salz und Pfeffer würzen und herausnehmen.

**5.** 1 weiterer EL Öl im Wok erhitzen, die Paprikastreifen hineingeben und unter Rühren ca. 1 Min. anbraten. Hühnerbrühe und Marinade dazugießen. Brokkoliwürfel und -röschen dazugeben, ca. 3 Min. zugedeckt garen. Hähnchenbruststreifen, Frühlingszwiebeln und Ananas hinzufügen und weitere 2 Min. mitgaren. Alles mit Salz und Pfeffer abschmecken. Dazu passt Basmatireis.

# Hähnchen-Kokos-Wok

mit würziger Marinade umwerfend aromatisch

Zubereitungszeit: **ca. 40 Min.**
Marinierzeit: **ca. 1 Std.**
Pro Portion: **ca. 490 kcal**

**Für 2 Personen**
1 frische rote Chilischote
1 Stängel Zitronengras
1 Knoblauchzehe
1 Bio-Limette
1 TL Fischsauce
1 EL brauner Zucker
250 ml Kokosmilch
300 g Hähnchenbrustfilet
100 g grüner Spargel
80 g Zuckerschoten
1 EL neutrales Öl
½ –2 TL Sojasauce

1. Die Chilschote waschen, putzen und längs aufschneiden. Die Kerne herausschaben, die Chilihälften in feine Würfel schneiden (danach die Hände waschen!). Von dem Zitronengrasstängel die äußeren holzigen Blätter entfernen, das weiße Innere sehr fein hacken.

2. Den Knoblauch schälen und fein hacken. Die Limette heiß waschen und trocken reiben, die Schale fein abreiben. Den Limettensaft auspressen.

3. Chili, Zitronengras, Knoblauch und abgeriebene Limettenschale mit Fischsauce, ½ EL Zucker und 4 EL Kokosmilch in einen hohen Rührbecher geben und mit dem Pürierstab pürieren.

4. Das Hähnchenbrustfilet kalt abbrausen, mit Küchenpapier trocken tupfen und in ca. 2 cm große Würfel schneiden. Die Würfel auf einem tiefen Teller mit der Chilipaste mischen und zugedeckt im Kühlschrank ca. 1 Std. ziehen lassen.

5. Den Spargel waschen, holzige Enden abschneiden. Die Stangen im unteren Drittel schälen, dann in 3 cm lange Stücke schneiden. Die Zuckerschoten putzen, waschen und schräg halbieren.

6. Erst den Wok, dann das Öl darin erhitzen. Die Hähnchenwürfel hineingeben und bei starker Hitze ca. 2 Min. unter Rühren braten, bis sie hellbraun sind. Den Spargel dazugeben und ca. 1 Min. mitbraten. Übrige Kokosmilch dazugießen und alles zugedeckt bei schwacher Hitze ca. 4 Min. köcheln lassen. Die Zuckerschoten dazugeben und ca. 1 Min. mitgaren. Alles mit Limettensaft, restlichem Zucker und der Sojasauce abschmecken. Dazu passt Jasminreis.

# Rotes Rind-
# fleisch-Curry

# Rotes Rindfleisch-Curry

mit Auberginen und höllisch scharfer Paste

Zubereitungszeit: **ca. 30 Min.**
Marinierzeit: **ca. 30 Min.**
Pro Portion: **ca. 540 kcal**

**Für 2 Personen**

300 g Rumpsteak
2 EL Fischsauce
50 g erbsengroße Mini-Thai-Auberginen
  (s. Info)
4 golfballgroße Thai-Auberginen (s. Info)
1 frische rote Chilischote
2 Kaffir-Limettenblätter
1 EL neutrales Öl
2 TL rote Currypaste
300 ml Kokosmilch
1 EL Limettensaft
1 TL brauner Zucker
2 Stängel Thai-Basilikum

**1.** Das Rumpsteak kalt abbrausen, mit Küchenpapier trocken tupfen und quer in 1 cm breite Streifen schneiden. Die Fleischstreifen auf einen tiefen Teller legen, mit der Fischsauce beträufeln und vermischen. Fleisch zugedeckt ca. 30 Min. im Kühlschrank ziehen lassen.

## Typisch Thai!

Für das Curry verwendest Du am besten Thai-Auberginen. Sie schmecken etwas schärfer als die in Europa angebaute Variante und geben das typische Aroma. Im Asienladen findest Du Auberginen, die wie große Erbsen aussehen oder ca. 2 – 3 cm dicke blassgrüne Exemplare. In Asien gibt es auch lange grünen Sorten, die an Bananen erinnern, große, rundliche und sehr kleine, dünne, die besonders fein im Geschmack sind. Wenn Du sie findest, probier sie doch mal aus. Wenn Du keine Thai-Auberginen bekommst, kannst Du auch die bei uns beliebte violett-schwarze Sorte klein würfeln und verwenden.

2. Die Mini-Auberginen waschen, vom Zweig abzupfen und die Stielansätze entfernen (s. Info und Foto oben links). Die golfballgroßen Auberginen waschen, vierteln und in Wasser legen, damit sie nicht braun werden. Die Chili waschen, putzen und längs aufschneiden. Die Kerne herausschaben, die Chilihälften in Streifen schneiden (danach die Hände waschen!). Die Limettenblätter waschen (s. Foto oben rechts).

3. Erst den Wok, dann das Öl darin erhitzen. Die Rindfleischstreifen hineingeben und bei starker Hitze ca. 2 Min. unter Rühren braten, bis sie gleichmäßig gebräunt sind. Herausnehmen.

4. Die Currypaste in den Wok geben und unter ständigem Rühren bei mittlerer Hitze ca. 5 Sek. braten. Die Kokosmilch, beide Auberginensorten und die Limettenblätter hinzugeben. Alles zugedeckt ca. 5 Min. köcheln lassen.

5. Dann das Fleisch wieder dazugeben und unterrühren. Das Curry mit Limettensaft und Zucker abschmecken. Thai-Basilikum waschen und trocken schütteln. Die Blättchen abzupfen, hacken und mit den Chilistreifen unter das Rindfleisch-Curry rühren. Dazu passt Basmatireis.

## FEINE VARIANTE: GRÜNES LAMMCURRY

Für 2 Personen: **300 g Lammlachse** kalt abbrausen, trocken tupfen und quer in 1 cm breite Streifen schneiden. **150 g grüne, extrafeine Bohnen** waschen, putzen und halbieren. **1 Zwiebel** und **1 Knoblauchzehe** schälen und fein hacken. Erst den Wok, dann **1 EL neutrales Öl** darin erhitzen. Das Fleisch hineingeben und bei starker Hitze in ca. 2 Min. unter Rühren braun braten. Herausnehmen. Zwiebeln und Knoblauch im Wok in **1 EL neutralem Öl** unter Rühren anbraten, **2 TL grüne Currypaste** ca. 5 Sek. mitbraten. **150 ml Rindfleischbrühe** (Instant) dazugießen. Die Bohnen hineingeben und zugedeckt ca. 5 Min. köcheln lassen. **150 ml Kokosmilch** und das Fleisch hinzufügen, alles weitere 2 Min. zugedeckt köcheln lassen. Lammcurry mit **Salz** und **Pfeffer** abschmecken. Dazu passt Basmatireis.

# Schweinefleisch süßsauer

Zubereitungszeit: **ca. 25 Min.**
Pro Portion: **ca. 440 kcal**

**Für 2 Personen**
1 Zwiebel
1 rote Paprikaschote
1 Minigurke (ca. 100 g; ersatzweise 1 Stück
  Salatgurke)
100 g stückige Ananas + 50 ml Ananassaft
  (Dose)
3 EL Tomatenketchup
2 EL süß-scharfe Chilisauce
2 EL Weißweinessig
1 EL Honig
250 g Schweinefilet
2 EL Sojasauce
2 EL Mehl
2 EL Erdnussöl
50 g Mungobohnensprossen
Salz

1. Die Zwiebel schälen, halbieren und in
   dünne Streifen schneiden. Die Paprikaschote längs halbieren und von Stielansatz, weißen Trennwänden und Samen
   befreien. Hälften waschen und in Streifen
   schneiden. Die Gurke schälen, längs
   halbieren und in Scheiben schneiden.

2. Ananasstücke in einem Sieb abtropfen
   lassen, dabei den Saft auffangen.
   50 ml Saft abmessen und mit Tomatenketchup, Chilisauce, Essig und Honig mit
   dem Schneebesen glatt rühren.

3. Das Schweinefilet kalt abbrausen, mit
   Küchenpapier trocken tupfen und in
   1 cm dünne Scheiben schneiden. Das
   Fleisch auf einen Teller legen und mit der
   Sojasauce mischen. Auf einen weiteren
   Teller das Mehl geben. Das Fleisch darin
   wenden, überflüssiges Mehl abklopfen.

4. Erst den Wok, dann 1 EL Öl darin erhitzen.
   Die Fleischscheiben darin unter Rühren
   ca. 3 Min. bei starker Hitze anbraten,
   dann herausnehmen.

5. 1 weiteren EL Öl in den Wok geben,
   Zwiebelstreifen, Paprika und Gurke darin
   ca. 3 Min. unter Rühren braten. Die
   Mungobohnensprossen in ein Sieb
   geben, abbrausen und abtropfen lassen.
   Sprossen mit dem Fleisch und den
   Ananas dazugeben und ca. 2 Min.
   mitbraten. Danach die Ketchup-Ananas-
   saft-Mischung unterrühren. Alles mit Salz
   abschmecken. Dazu passt Langkornreis.

# WOK CROSS-OVER

# Paella-Wok

Spaniens Liebling auf Asienreise: olé!

Zubereitungszeit: **ca. 1 Std.**
Pro Portion: **ca. 570 kcal**

**Für 2 Personen**
2 Hähnchenunterkeulen (»Drumsticks«)
100 g festes Fischfilet (z. B. Kabeljau, Rotbarsch, Seelachs oder Steinbeißer)
100 g rohe und ungeschälte Garnelen (frisch oder TK und aufgetaut)
1 Zwiebel | 2 Knoblauchzehen
½ rote Paprikaschote | 2 EL Erdnussöl
Salz | Pfeffer
125 g Basmatireis
je 1 TL Kurkuma- und Currypulver
1 Msp. Cayennepfeffer
2 Kaffir-Limettenblätter
300 – 500 ml Hühnerbrühe (Instant)
50 g TK-Erbsen
½ Bund Koriander | 4 Zitronenschnitze

1. Hähnchenkeulen, Fisch und Garnelen kalt abbrausen und jeweils mit Küchenpapier trocken tupfen. Von den Keulen die Haut abziehen. Fischfilet in ca. 2 cm große Würfel schneiden.

2. Zwiebel und Knoblauch schälen und würfeln. Die Paprika längs halbieren und von Stielansatz, weißen Trennwänden und Samen befreien. Hälften waschen und in Streifen schneiden.

3. Erst den Wok, dann 1 EL Öl darin erhitzen. Hähnchenkeulen salzen, pfeffern und bei starker Hitze rundherum in ca. 8 Min. goldbraun braten. Herausnehmen. Die Hitze reduzieren. Die Fischwürfel salzen, pfeffern und im Wok unter Rühren ca. 1 Min. braten. Herausnehmen.

4. 1 weiteren EL Öl im Wok erhitzen. Zwiebeln und Knoblauch darin unter Rühren glasig dünsten. Reis dazugeben und unter ständigem Rühren ca. 2 Min. braten. Mit Kurkuma- und Currypulver sowie Cayennepfeffer bestäuben. Limettenblätter waschen und mit 150 ml Brühe und den Hähnchenkeulen dazugeben. Alles zugedeckt bei schwacher Hitze ca. 15 Min. garen, bis der Reis die Flüssigkeit aufgesogen hat. Falls nötig, noch etwas Brühe angießen.

5. Dann die Keulen wenden. 150 ml Brühe und die Paprika dazugeben. Alles weitere 5 Min. zugedeckt garen, dabei, falls nötig, noch etwas Brühe angießen. Dann Fisch, Garnelen und Erbsen (unaufgetaut) unterheben. Zugedeckt weitere 5 Min. weitergaren. Inzwischen das Koriandergrün waschen und trocken schütteln. Die Blättchen abzupfen, hacken und über die Paella streuen. Zitronenschnitze darauf verteilen.

Mit Kurkuma,
Curry und
Zitronengras!

# Garnelen mit Chili-Caipi-Salsa

Wok around the World!

Zubereitungszeit: **ca. 30 Min.**
Pro Portion: **ca. 265 kcal**

**Für 2 Personen**
400 g rohe und ungeschälte Riesengarnelen
  (frisch oder TK und aufgetaut)
1 kleine Zwiebel
2 Frühlingszwiebeln
2 grüne Chilischoten
1 Bio-Limette
2 EL neutrales Öl
2 EL weißer Rum
2 TL brauner Zucker
Salz | Pfeffer
2 Knoblauchzehen
1 Stück frischer Ingwer (ca. 2 cm)
½ Bund Minze
1 EL Fischsauce

**1.** Die Riesengarnelen – ob frisch oder TK und aufgetaut – in ein Sieb geben, kalt abbrausen, abtropfen lassen und mit Küchenpapier trocken tupfen.

**2.** Die Zwiebel schälen und hacken. Die Frühlingszwiebeln putzen, waschen und in sehr feine Ringe schneiden. Die Chilis waschen, putzen und längs aufschneiden. Die Kerne herausschaben, die Chilihälften in feine Würfel schneiden (danach die Hände waschen!).

**3.** Die Limette heiß waschen, trocken reiben und die Schale fein abreiben. Dann die weiße Haut entfernen. Mit dem Messer die Limettenfilets herausschneiden und grob hacken. Dabei den Saft auffangen und zu dem Limettenfruchtfleisch geben.

**4.** Für die Chili-Caipirinha-Salsa erst den Wok, dann 1 EL Öl darin erhitzen. Zwiebeln, Chili und Frühlingszwiebeln hineingeben und unter Rühren bei mittlerer Hitze ca. 1 Min. braten. Den Rum dazugeben. Zucker, Limettenfruchtfleisch und abgeriebene Limettenschale unterrühren. Alles ca. 30 Sek. unter Rühren bei mittlerer Hitze braten. Salsa mit Salz und Pfeffer abschmecken. Herausnehmen und abkühlen lassen.

**5.** Inzwischen Knoblauch und Ingwer schälen und fein würfeln. Die Minze waschen und trocken schütteln, Blättchen abzupfen und grob hacken. Erst den Wok, dann 1 EL Öl darin erhitzen. Garnelen darin mit Knoblauch und Ingwer 2 – 3 Min. bei mittlerer Hitze unter Rühren braten, nach Belieben herausnehmen und aus den Schalen lösen. Dann die Garnelen im Wok mit der Fischsauce verrühren und mit Minze bestreuen. Garnelen mit der Salsa servieren. Dazu passt Baguette.

# Gyros-Wok mit Limetten-Zaziki

**Hellas meets Asia – einfach göttlich!**

Zubereitungszeit: ca. 35 Min.
Marinierzeit: ca. 45 Min.
Pro Portion: ca. 460 kcal

**Für 2 Personen**
300 g Schweineschnitzel
2 Knoblauchzehen
1 frische rote oder grüne Chilischote
3 EL Olivenöl
2 EL Reiswein (ersatzweise weißwein oder Reisessig)
1 Kaffir-Limettenblatt
1 TL getrockneter Oregano
Salz
Pfeffer
½ Salatgurke
250 g Magerquark
125 g Joghurt
1/2 Bio-Limette

1. Die Schweineschnitzel kalt abbrausen, mit Küchenpapier trocken tupfen und quer in 1 cm breite Streifen schneiden.

2. Den Knoblauch schälen und hacken. Die Chilischote waschen, putzen und längs aufschneiden. Die Kerne herausschaben, die Chilihälften in feine Würfel schneiden (danach die Hände waschen!).

3. 2 EL Olivenöl mit dem Reiswein mischen. Das Limettenblatt waschen und mit Knoblauch, Chili und Oregano unterrühren. Marinade mit Salz und Pfeffer würzen und über die Fleischstreifen träufeln. Fleisch zugedeckt im Kühlschrank ca. 45 Min. ziehen lassen.

4. Die Gurkenhälfte schälen und auf der Küchenreibe raspeln. In ein Sieb geben, mit ½ TL Salz mischen und ca. 15 Min. abtropfen lassen, dann mit einem Esslöffel ausdrücken.

5. Inzwischen den Quark mit dem Joghurt verrühren und kräftig mit Salz und Pfeffer abschmecken. Die Limettenhälfte heiß waschen und trocken reiben. Die Schale abreiben, Saft auspressen. Je 1 TL Schale und Limettensaft mit den Gurkenraspeln unter die Quarkmischung rühren.

6. Das Fleisch aus der Marinade nehmen und in einem Sieb abtropfen lassen, dabei die Marinade auffangen. Erst den Wok, dann 1 EL Öl darin erhitzen. Fleisch darin in ca. 2 Min. bei starker Hitze unter Rühren braun braten. Marinade dazugeben, das Limettenblatt entfernen. Gyros mit dem Limetten-Zaziki anrichten.

Ein pikanter
Mix mit tollen
Aromen!

# Schupfnudeln mit Steak und Salsa

# Schupfnudeln mit Steak und Salsa

Bayerisch-italienische Verbindung: grenzenlos gut!

Zubereitungszeit: **ca. 30 Minuten**
Pro Portion: **ca. 655 kcal**

**Für 2 Personen**
1 Bund Petersilie
½ Bund Basilikum
2 Sardellenfilets
1 Knoblauchzehe
1 TL Kapern (Glas)
3 – 5 EL Olivenöl
Pfeffer
1 frische rote Chilischote
Salz
250 g Rumpsteak
1 rote Paprikaschote
1 EL Butterschmalz
250 g Schupfnudeln (Fertigprodukt;
   Kühltheke)

1. Für die Salsa verde Petersilie und Basilikum waschen und trocken schütteln. Die Blättchen abzupfen und grob hacken. Die Sardellenfilets kalt abbrausen und mit Küchenpapier trocken tupfen. Den Knoblauch schälen, halbieren und mit den Kräutern und den Kapern in einen hohen Rührbecher geben. 2 – 4 EL Öl und 1 kräftige Prise Pfeffer hinzufügen. Alles mit dem Pürierstab fein pürieren.

## Warum und wieso …

… soll man sich eigentlich nach dem Schneiden der Chilis die Hände waschen? Die kleinen Schoten enthalten reichlich Capsaicin. Und das ist der Stoff, der für die Schärfe sorgt. Wenn er auf Schleimhäute oder in die Augen gerät, fängt es höllisch an zu brennen. Deshalb die Hände nachher gründlich waschen. Oder mit Plastikhandschuhen arbeiten. Am schärfsten schmecken bei einer Chilischote übrigens die Stellen um die Kerne herum und die Kerne selbst. Deshalb werden sie beim Putzen entfernt.

**2.** Die Chilischote waschen, putzen und längs aufschneiden. Die Kerne herausschaben (s. Foto oben links und Info), die Chilihälften in Streifen schneiden (danach die Hände waschen!). Die Paprikaschote längs halbieren und von Stielansatz, weißen Trennwänden und Samen befreien. Die Hälften waschen und in Streifen schneiden.

**3.** Das Rumpsteak kalt abbrausen, mit Küchenpapier trocken tupfen und quer in 1 cm breite Streifen schneiden.

**4.** Erst den Wok, dann 1 EL Olivenöl darin erhitzen. Die Steakstreifen mit Chili dazugeben und unter Rühren bei starker Hitze ca. 3 Min. braten, bis das Fleisch gleichmäßig gebräunt ist. Mit Salz und Pfeffer würzen. Herausnehmen.

**5.** Dann das Butterschmalz im Wok erhitzen. Die Schupfnudeln hineingeben und unter Rühren bei mittlerer Hitze ca. 2 Min. braten. Die Paprikastreifen dazugeben und ca. 2 Min. mitbraten.

**6.** Wenn die Schupfnudeln hellbraun gebraten sind (s. Foto oben rechts), die Salsa verde unterrühren. Am Schluss die Steakstreifen untermischen. Alles zugedeckt ca. 2 Min. heiß werden lassen.

### VEGGIE-VARIANTE: SCHUPF-NUDELN MIT THAI-PESTO

Für 2 Personen: **½ Bund Thai-Basilikum** und **1 Bund Koriandergrün** waschen und trocken schütteln, die Blättchen abzupfen und grob hacken. **1 Stück frischen Ingwer** (ca. 1 cm) und **1 Knoblauchzehe** schälen und grob hacken. Kräuter, Ingwer, Knoblauch und **½ TL Chiliflocken** mit **2 – 4 EL Erdnussöl** pürieren. Das Pesto mit **Salz** und **Pfeffer** würzen. **1 Zucchino** waschen, putzen und in Scheiben schneiden. **200 g Champignons** mit Küchenpapier abreiben und vierteln. **1 EL Erdnussöl** im Wok erhitzen. **250 g Schupfnudeln** hineingeben und unter Rühren bei mittlerer Hitze 3 – 4 Min. hellbraun anbraten. Herausnehmen. **1 EL Erdnussöl** in den Wok geben. Champignons und Zucchino hineingeben, salzen und pfeffern und ca. 5 Min. bei mittlerer Hitze unter Rühren braten. Die Schupfnudeln und das Thai-Pesto unterrühren.

# Gambas-Chorizo-Wok

Zubereitungszeit: **ca. 45 Min.**
Pro Portion: **ca. 350 kcal**

**Für 2 Personen**
250 g sehr große rohe und ungeschälte
   Riesengarnelen (»Gambas«; frisch oder TK
   und aufgetaut)
1 Zwiebel | 2 Knoblauchzehen
3 Frühlingszwiebeln
1 Möhre
1 rote Paprikaschote
2 Tomaten
250 g dicke weiße Bohnen (Glas)
60 g Chorizo (span. Paprikawurst)
1 TL rote Currypaste
125 ml Weißwein (ersatzweise 125 ml Fisch-
   fond)
1 Kaffir-Limettenblatt
Salz | Pfeffer
½ Bund Koriandergrün

**1.** Die Riesengarnelen in ein Sieb geben
und kalt abbrausen. Abtropfen lassen
und mit Küchenpapier trocken tupfen.

**2.** Die Zwiebel und den Knoblauch schälen
und hacken. Die Frühlingszwiebeln
putzen, waschen und schräg in ca.
3 cm lange Stücke schneiden. Die Möhre
putzen, mit dem Sparschäler schälen
und in dünne Scheiben schneiden.

**3.** Die Paprika längs halbieren und von
Stielansatz, weißen Trennwänden und
Samen befreien. Hälften waschen und in
Streifen schneiden. Die Tomaten
waschen, halbieren und ohne die
Stielansätze würfeln. Die Bohnen in ein
Sieb abgießen und abtropfen lassen.

**4.** Die Chorizo in ca. ½ cm dicke Scheiben
schneiden, dann in 1 cm große Würfel.

**5.** Erst den Wok erhitzen, dann die Chorizo
darin ca. 1 Min. ohne Fett unter Rühren
bei starker Hitze braten, bis das Fett
austritt und die Wurst glasig wird.
Zwiebelwürfel und Knoblauch dazugeben
und ca. 1 Min. mitbraten. Currypaste
unterrühren und ca. 5 Sek mitbraten.
Dann Möhren, Paprika und Tomaten
dazugeben und ca. 1 Min. unter Rühren
braten. Den Wein dazugießen. Das
Limettenblatt waschen und hineinlegen.
Die Bohnen unterrühren.

**6.** Die Gemüse-Chorizo-Mischung mit Salz
und Pfeffer würzen. Die Garnelen
dazugeben und alles zugedeckt bei
schwacher Hitze ca. 4 Min. köcheln
lassen. Inzwischen das Koriandergrün
waschen und trocken schütteln, die
Blättchen abzupfen, hacken und
darüberstreuen. Dazu passt Baguette.

# Chicken-Nuggets mit Asia-Ketchup

american Fast Food auf asiatisch

Zubereitungszeit: **ca. 25 Min.**
Marinierzeit: **ca. 1 Std.**
Pro Portion: **ca. 615 kcal**

**Für 2 Personen**
300 g Hähnchenbrustfilet
2 EL Hoisin Sauce
2 EL Ketjap Manis
2 EL süß-scharfe Chilisauce
1½ EL Sojasauce
1 TL Currypulver
100 ml Tomatenketchup (ca. 8 EL)
1 EL Sambal oelek
1 TL Honig
1 Ei
4 EL Mehl
3 EL Sesamsamen
3 EL Semmelbrösel
500 ml neutrales Öl zum Frittieren

**1.** Das Hähnchenbrustfilet kalt abbrausen und mit Küchenpapier trocken tupfen. Das Fleisch in 10 – 12 ca. 3 cm große Stücke schneiden und auf einen tiefen Teller legen. Die Hoisin Sauce mit 1 EL Ketjap Manis, Chilisauce, ½ EL Sojasauce und Currypulver verrühren und über das Fleisch träufeln. Fleisch zugedeckt ca. 1 Std. im Kühlschrank ziehen lassen.

**2.** Für den Asia-Ketchup in einer kleinen Schüssel den Tomatenketchup mit dem Sambal oelek, dem restlichen Ketjap Manis (1 EL), der übrigen Sojasauce (1 EL) und dem Honig verrühren. Den Asia-Ketchup beiseitestellen.

**3.** Das Ei in einem tiefen Teller aufschlagen und mit der Gabel verquirlen. Das Mehl auf einen flachen Teller geben. Die Sesamsamen mit den Semmelbröseln auf einem weiteren flachen Teller mischen. Die Hähnchenstücke zunächst im Mehl wenden, dann im verquirlten Ei und am Schluss in der Semmelbrösel-Sesam-Mischung wenden.

**4.** Das Öl zum Frittieren im Wok erhitzen. Nach 2 – 4 Min. den Stiel eines Holzlöffels in das Öl halten. Steigen kleine Bläschen auf, ist es heiß genug. Dann die Hälfte der Hähnchenstücke in das heiße Öl geben und in 4 – 5 Min. goldbraun frittieren, dabei die Stücke zwischendurch mithilfe von zwei Esslöffeln wenden. Herausnehmen und auf dem Abtropfgitter abtropfen lassen. Die restlichen Hähnchenstücke ebenso frittieren. Die Chicken-Nuggets mit dem Asia-Ketchup anrichten. Dazu passt Reis.

# Coq au vin auf asiatisch

feuriges franco-asiatisches Huhn

Zubereitungszeit: **ca. 45 Min.**
Pro Portion: **ca. 645 kcal**

**Für 2 Personen**
4 Hähnchenunterkeulen (»Drumsticks«)
1 EL Fünf-Gewürze-Pulver | Salz
1 Knoblauchzehe
1 Stück frischer Ingwer (ca. 3 cm)
1 frische rote Chilischote
100 g Schalotten | 1 Möhre
250 g Champignons
2 EL Erdnussöl
250 ml Pflaumenwein (ersatzweise
    250 ml Pflaumensaft und 2 EL Reisessig)
150 ml Hühnerbrühe (Instant)
1 Zimtstange
1 Sternanis | Pfeffer
2 EL Limettensaft
1 TL Speisestärke
½ Bund Koriandergrün

**1.** Die Hähnchenkeulen kalt abbrausen und mit Küchenpapier trocken tupfen. Die Haut abziehen. Die Keulen mit Fünf-Gewürze-Pulver und 1 TL Salz einreiben.

**2.** Knoblauch und Ingwer schälen und hacken. Die Chili waschen, putzen und längs aufschneiden. Die Kerne herausschaben, die Chilihälften in feine Würfel schneiden (danach die Hände waschen!).

**3.** Die Schalotten schälen und halbieren. Die Möhre putzen, mit dem Sparschäler schälen und in dünne Scheiben schneiden. Die Champignons mit Küchenpapier abreiben und vierteln.

**4.** Erst den Wok, dann 1 EL Erdnussöl darin erhitzen. Die Hähnchenkeulen darin bei starker Hitze ca. 2 Min. rundherum anbraten und herausnehmen.

**5.** 1 weiteren EL Erdnussöl im Wok erhitzen. Knoblauch, Ingwer und die Chiliwürfel mit den halbierten Schalotten, den Möhren und den Champignons hineingeben. Alles ca. 2 Min. unter Rühren braten. Den Pflaumenwein und die Hühnerbrühe angießen. Die Hähnchenkeulen wieder dazugeben. Die Zimtstange und den Sternanis hinzufügen. Alles mit Salz, Pfeffer und dem Limettensaft würzen und zugedeckt bei schwacher Hitze 20 – 25 Min. garen, dann die Hähnchenkeulen wieder aus dem Wok nehmen.

**6.** Die Speisestärke mit 3 EL kaltem Wasser verrühren und in die Sauce rühren. Die Sauce unter Rühren aufkochen. Dann die Keulen zurück in die Sauce geben. Das Koriandergrün waschen und trocken schütteln. Die Blättchen abzupfen, grob hacken und über das Gericht streuen.

# Asia-Bolognese

# Asia-Bolognese

Italiens Superstar auf neuem Kurs

Zubereitungszeit: **ca. 1 Std.**
Pro Portion: **ca. 690 kcal**

**Für 2 Personen**
1 Zwiebel
2 Knoblauchzehen
1 Stück frischer Ingwer (ca. 2 cm)
1 Stängel Zitronengras
1 kleine Möhre
30 g Knollensellerie
1 EL neutrales Öl
200 g Rinderhackfleisch
Salz
Pfeffer
1 TL rote Currypaste
2 Kaffir-Limettenblätter
1 Dose stückige Tomaten (400 g)
150 ml Rindfleischbrühe (Instant)
1 EL Fischsauce
1 EL Limettensaft
200 g Hartweizenspaghetti
½ Bund Koriandergrün

1. Die Zwiebel, den Knoblauch und den Ingwer schälen und fein hacken. Von dem Zitronengrasstängel die äußeren holzigen Blätter entfernen, das weiße Innere in feine Würfel schneiden.

2. Die Möhre putzen, mit dem Sparschäler schälen und klein würfeln. Den Sellerie schälen und auf der feinen Seite der Küchenreibe raspeln (s. Foto oben links).

3. Erst den Wok, dann das Öl darin erhitzen. Das Hackfleisch darin unter Rühren bei starker Hitze in ca. 5 Min. krümelig braten (s. Foto oben rechts). Das Hackfleisch mit Salz und Pfeffer würzen.

4. Zwiebel, Knoblauch, Ingwer und die Zitronengraswürfelchen zum Hackfleisch geben, unterrühren und ca. 2 Min. bei starker bis mittlerer Hitze mitbraten.

5. Die Möhrenwürfel und die Sellerieraspel dazugeben und unter Rühren ca. 1 Min. mitbraten. Die Currypaste unterrühren und ca. 5 Sek. bei mittlerer Hitze mitbraten. Die Kaffir-Limettenblätter waschen und mit den stückigen Tomaten dazugeben und unterrühren.

**6.** Dann die Brühe angießen und alles mit Fischsauce und Limettensaft würzen. Die Bolognese zugedeckt ca. 30 Min. bei schwacher Hitze köcheln lassen.

**7.** In einem großen Topf gut 2 l Wasser aufkochen und 2 TL Salz hinzufügen. Die Spaghetti hineingeben und nach Packungsangabe in ca. 8 Min. bissfest kochen. Inzwischen das Koriandergrün waschen und trocken schütteln, die Blättchen abzupfen und hacken.

**8.** Die Spaghetti in ein Sieb abgießen und abtropfen lassen. Die Nudeln auf zwei tiefe Teller verteilen, mit der Asia-Bolognese anrichten und mit dem gehackten Koriandergrün bestreuen.

## PIKANTE VARIANTE: ORIENT-BOLOGNESE

Für 2 Personen: **1 Zwiebel** und **2 Knoblauchzehen** schälen und hacken. Erst den Wok, dann **1 EL Olivenöl** darin erhitzen. **200 g Lammhackfleisch** darin unter Rühren bei starker Hitze in ca. 5 Min. krümelig anbraten, mit **Salz** und **Pfeffer** würzen. Zwiebeln und Knoblauch ca. 2 Min. mitbraten. **1 Lorbeerblatt, 1 TL Chiliflocken, 1 TL Kreuzkümmel** und **½ TL Zimtpulver** dazugeben. **2 EL Rotweinessig** und **2 EL Tomatenmark** unterrühren. **1 Dose stückige Tomaten** (400 g) und **150 ml Rindfleischbrühe** (Instant) hinzufügen. Zugedeckt 30 Min. köcheln lassen. **200 g Hartweizenspaghetti** wie links beschrieben zubereiten und mit der Bolognese anrichten. **80 g Schafskäse** darüber zerbröckeln. Mit **1 – 2 EL frisch gehackter Petersilie** bestreuen.

# Saltimbocca-Nudel-Wok

italo-asiatische Pasta mit Pfiff

Zubereitungszeit: **ca. 30 Minuten**
Pro Portion: **ca. 550 kcal**

**Für 2 Personen**
125 g chinesische Weizennudeln
200 g Kalbsschnitzel
50 g Parmaschinken
12 Salbeiblätter
1 Schalotte
1 Knoblauchzehe
1 Stängel Zitronengras
150 g Kirschtomaten
2 EL Olivenöl
1 EL Butter
Salz
Pfeffer
2 Kaffir-Limettenblätter
75 ml Rindfleischbrühe (Instant)
50 ml Weißwein (ersatzweise 40 ml Rindfleischbrühe und 2 EL Weißweinessig)

1. Die Weizennudeln nach Packungsangabe in ca. 3 Min. bissfest kochen. Die
Nudeln in ein Sieb abgießen, abtropfen
lassen und zwischendurch mit der Gabel
etwas auflockern.

2. Die Kalbsschnitzel kalt abbrausen, mit
Küchenpapier trocken tupfen und quer in
ca. 1 cm breite Streifen schneiden. Den
Schinken in kleinere Stücke zupfen.

3. Den Salbei waschen und trocken tupfen.
Die Schalotte schälen und würfeln.
Knoblauch schälen und hacken. Zitro-
nengras waschen, längs halbieren und
mit einem Stieltopf flach klopfen. Die
Kirschtomaten waschen und halbieren.

4. Erst den Wok, dann 1 EL Öl darin erhitzen.
Die Salbeiblätter darin bei starker Hitze
knusprig braten und herausnehmen.

5. Die Butter im Wok erhitzen. Knoblauch
und Fleisch darin unter Rühren ca. 2 Min.
bei mittlerer Hitze braten. Mit Salz und
Pfeffer würzen. Den Schinken unterrühren und alles sofort herausnehmen.

6. 1 weiteren EL Öl in den Wok geben. Die
Limettenblätter waschen, trocken tupfen
und mit Schalotte und Zitronengras unter
Rühren bei mittlerer Hitze ca. 1 Min.
anbraten. Die Fleischbrühe und den
Weißwein dazugießen und alles aufko-
chen. Zitronengrashälften und Kaffir-
Limettenblätter herausnehmen.

7. Kirschtomaten und Nudeln in den Sud
geben. Alles umrühren und kurz bei
mittlerer Hitze ziehen lassen. Die
Kalbfleisch-Schinken-Mischung unterrühren. Alles mit Salz und Pfeffer abschmecken und mit dem Salbei bestreuen.

# Halloumi-Cashew-Wok

Mediterranes auf Fernost-Tour

Zubereitungszeit: **ca. 40 Min.**
Marinierzeit: **ca. 1 Std.**
Pro Portion: **ca. 1065 kcal**

**Für 2 Personen**
250 g Halloumi-Grillkäse
1 EL Honig | 1 EL Zitronensaft
1 EL Sesamöl | 5 EL Sojasauce
je 1 TL Curry- und Ingwerpulver
40 g Cashewkerne
2 EL Aceto balsamico
1 Knoblauchzehe
1 Zucchino (ca. 200 g)
50 g Rucola
2 Stängel Thai-Basilikum
150 g chinesische Eiernudeln
3 EL neutrales Öl
40 g getrocknete, in Öl eingelegte Tomaten
100 ml Gemüsebrühe (Instant)

**1.** Den Halloumi in ca. 1 cm große Würfel schneiden und auf einen tiefen Teller legen. Den Honig mit Zitronensaft, Sesamöl, 3 EL Sojasauce, Curry- und Ingwerpulver verrühren und darüberträufeln. Die Würfel in der Marinade wenden und zugedeckt ca. 1 Std. ziehen lassen. Die Cashewkerne mit dem Balsamico mischen und ebenfalls ca. 1 Std. ziehen lassen. Dann die Cashewkerne in einem Sieb abtropfen lassen.

**2.** Den Knoblauch schälen und hacken. Den Zucchino waschen, putzen und in ca. 1 cm große Würfel schneiden. Den Rucola waschen, verlesen und trocken schütteln. Grobe Stiele abschneiden. Das Basilikum waschen und trocken schütteln, die Blättchen abzupfen.

**3.** Die Eiernudeln nach Packungsangabe in 4 – 5 Min. bissfest kochen. Die Nudeln in ein Sieb abgießen, kalt abschrecken und gut abtropfen lassen.

**4.** Erst den Wok, dann 1 EL Öl darin erhitzen. Die Cashewkerne darin unter Rühren in ca. 1 Min. goldbraun anrösten und herausnehmen. 1 weiteren EL Öl in den Wok geben. Die Halloumiwürfel aus der Marinade nehmen und im Wok bei starker Hitze in ca. 1 Min. goldbraun braten. Die Würfel herausnehmen und wieder mit der Marinade beträufeln.

**5.** Erneut 1 EL Öl in den Wok geben. Den Knoblauch und die Zucchiniwürfel darin bei mittlerer bis starker Hitze in 2 – 3 Min. hellbraun braten. Die getrockneten Tomaten kleiner schneiden, unterrühren und ca. 1 Min. mitbraten. Brühe und die übrige Sojasauce (2 EL) dazugießen, die Nudeln einrühren. Halloumi, Cashews, Rucola und Basilikum unterheben.

Damit Du Rezepte schnell findest, sind in diesem Register auch beliebte Zutaten wie **Brokkoli** oder **Zucchini** alphabetisch eingeordnet. Darunter oder daneben findest Du das Rezept Deiner Wahl. Vegetarische Rezepte sind grün abgesetzt.

# Appetit auf mehr?

ISBN 978-3-8338-5327-2

ISBN 978-3-8338-5720-1

ISBN 978-3-7742-4910-3

ISBN 978-3-8338-3774-6

ISBN 978-3-8338-5105-6

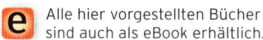 Alle hier vorgestellten Bücher sind auch als eBook erhältlich.

**Projektleitung:** Stefanie Poziombka
**Lektorat:** Susanne Bodensteiner
**Korrektorat:** Adelheid Schmidt-Thomé
**Innen- und Umschlaggestaltung:** independent Medien-Design, Horst Moser, München
**Illustrationen:** Julia Hollweck
**Herstellung:** Petra Roth
**Satz:** L42 Media Solutions Ltd, Berlin
**Reproduktion:** Medienprinzen GmbH, München
**Druck und Bindung:** PRINTER TRENTO, S.r.l., Trento
**Syndication:** www.seasons.agency
2. Auflage 2016
ISBN 978-3-8338-4466-9

### Die Autorin

**Hildegard Möller** war nach ihrem Studium Inhaberin und Küchenchefin zweier Gastronomiebetriebe in Münster. Seit einigen Jahren übt die Ökotrophologin ihr kreatives Handwerk am Schreibtisch aus. Als Kochbuchautorin und Food-Journalistin schreibt und kocht sie mit Leidenschaft für verschiedene Verlage und Zeitungen. In ihrer Freizeit geht sie gern auf Reisen und sammelt Rezepte aus aller Welt.

### Die Fotografin

**Coco Lang** fotografiert Food und Stills in München. Die Wok-Rezepte für dieses Buch hat sie mit Foodstylist **Sven Dittmann** stimmungsvoll in Szene gesetzt. Für die Requisite zeichnet **Miriam Geyer** verantwortlich.

### Umwelthinweis:

Dieses Buch ist auf PEFC-zertifiziertem Papier aus nachhaltiger Waldwirtschaft gedruckt.

Gedruckt auf Condat matt Périgord, exklusiv bei der Papier Union.

**Liebe Leserin, lieber Leser,**

haben wir Ihre Erwartungen erfüllt? Sind Sie mit diesem Buch zufrieden? Haben Sie weitere Fragen zu diesem Thema? Wir freuen uns auf Ihre Rückmeldung, auf Lob, Kritik und Anregungen, damit wir für Sie immer besser werden können.

**GRÄFE UND UNZER Verlag**
Leserservice
Postfach 86 03 13
81630 München
E-Mail:
leserservice@graefe-und-unzer.de

Telefon: 00800 / 72 37 33 33*
Telefax: 00800 / 50 12 05 44*
Mo–Do: 9.00 – 17.00 Uhr
Fr: 9.00 – 16.00 Uhr
(* gebührenfrei in D, A, CH)

Ihr GRÄFE UND UNZER Verlag
*Der erste Ratgeberverlag – seit 1722.*

**Backofenhinweis:**
Die Backzeiten können je nach Herd variieren. Die Temperaturangaben in unseren Rezepten beziehen sich auf das Backen im Elektroherd mit Ober- und Unterhitze und können bei Gasherden oder Backen mit Umluft abweichen. Details entnehmen Sie bitte Ihrer Gebrauchsanweisung.

www.facebook.com/gu.verlag

**GRÄFE UND UNZER**

*Ein Unternehmen der*
GANSKE VERLAGSGRUPPE